Die Türken – woher kommen sie? Und was wollen sie hier? Serdar Somuncu wirft einen provokanten Blick auf die gemeinsame Geschichte der Türken und Deutschen und schlägt dabei einen Bogen von der Gastarbeiterzeit bis in die Gegenwart der Integrations- und Leitkultur-debatten. Seine ironische Analyse des deutsch-türki-schen Verhältnisses verschont weder die Deutschen noch die Türken, denn Somuncu pfeift auf Klischees und «political correctness». Er hält allen erbarmungslos den Spiegel vor und klärt über die subtilen Mechanismen von Fremdenfeindlichkeit, Identitätspolitik und Volks-verdummung auf.

Der Autor

Serdar Somuncu, geboren 1968 in Istanbul, studierte Schauspiel, Musik und Regie in Maastricht und Wup-pertal. Einer breiten Öffentlichkeit wurde er bekannt, als er 1996 das erste Mal Hitlers «Mein Kampf» auf der Bühne las. Serdar Somuncu tritt regelmäßig in diversen Kabarettsendungen auf und tourt mit seinen Bühnen-programmen durch ganz Deutschland.

Serdar Somuncu

DER ANTITÜRKE

Rowohlt Taschenbuch Verlag

Originalausgabe

Veröffentlicht im Rowohlt Taschenbuch Verlag,

Reinbek bei Hamburg, Juni 2009

Copyright © 2009 by Rowohlt Verlag GmbH,

Reinbek bei Hamburg

Umschlaggestaltung ZERO Werbeagentur, München

(Foto: Johannes Boventer)

Satz DTL Documenta und Eurostile (InDesign)

bei Pinkuin Satz und Datentechnik, Berlin

Druck und Bindung Druckerei C. H. Beck, Nördlingen

Printed in Germany

ISBN 978 3 499 62510 7

Die Ausführungen zur deutsch-türkischen Geschichte
beruhen auf einem Aufsatz von Dr. E. Keskinkilic.

INHALT

VORBEMERKUNG

Also gut. Ich werde versuchen, ein Buch über Deutsche und Türken zu schreiben. Obwohl mich dieses Thema langweilt – denn eigentlich ist dazu, so scheint es jedenfalls, schon alles gesagt und geschrieben worden. Ich bin weder Wissenschaftler oder Psychologe, noch bin ich Historiker oder Soziologe. Es gibt vieles, was andere besser wissen als ich, und ich bin sicher nicht der Einzige, der etwas dazu zu sagen hat. Aber ich bin Türke, und ich lebe in Deutschland. Deshalb bleibt mir vielleicht nur, schonungslos ehrlich zu sein, sowohl meinen deutschen Gastgebern als auch meinen türkischen Landsleuten gegenüber, und dabei das auszusprechen, was andere sich nicht zu denken trauen. Denn es gibt Dinge, die wir nicht voneinander wissen. Warum denken wir seit Jahrzehnten von uns, so wie wir es tun? War das deutsch-türkische Verhältnis immer schon so wie heute? Wie haben sich diese Vorurteile entwickelt, und warum sind sie geblieben? Ist alles richtig, was man voneinander hört und denkt? Und was kann es bringen, diese Missverständnisse aufzuklären? Wer weiß, vielleicht findet sich dabei der ein oder andere Aspekt, der beiden Seiten bisher verborgen geblieben war. Auf jeden Fall aber sind wir Deutsche und Türken uns sehr ähnlich. Wir leiden vor allem unter denselben Komplexen.

Zwischen Minderwertigkeitsgefühl und Größenwahn versuchen wir ständig aufs Neue, einen Mittelweg zu finden, der sich Identität nennt. Ob und wie uns das zwischen Deutschen und Türken gelingen kann – vielleicht sogar gemeinsam –, weiß ich nicht. Aber ich weiß ganz sicher, dass ein Blick in den Spiegel manchmal Klarheit über die Umrisse des eigenen Wesens schaffen kann. Und dennoch gibt es auf viele Fragen keine universelle Antwort. Die Kunst liegt darin, die richtigen Fragen zu stellen, ohne eine Antwort zu erwarten.

DAS DEUTSCH-TÜRKISCHE VERHÄLTNIS –
VOM INTERESSE ZUR TOLERANZ

Ich heiße Serdar Somuncu!

Die Deutschen sagen «Somuncku». Obwohl ich schon seit vierzig Jahren in diesem Land lebe, sagen die Deutschen immer noch «Somuncku» zu mir.

Man muss zwar nicht alles wissen, um glaubwürdig tolerant zu sein, aber gerade in Zeiten stürmisch geführter Debatten über Integration und den richtigen Umgang zwischen Deutschen und Türken wäre es doch gut, wenigstens etwas Interesse am anderen zu zeigen. Statt also zum Beispiel ständig zu fordern, dass die in Deutschland lebenden Türken besser Deutsch sprechen sollen, und so zu tun, als wäre Integration nur die Aufgabe der türkischen Seite, könnte man doch als Deutscher auch seinen Beitrag dazu leisten, indem man die elementaren Regeln des Türkischen lernt, um wenigstens die fremden Namen richtig auszusprechen – und sei es auch nur um der höflichen Geste willen. Vielleicht ist das aber auch zu viel verlangt.

«Somuncu heiße ich!», korrigiere ich dann also freundlich und ärgere mich gleichzeitig, weil ich merke, wie schwierig diese Annäherung immer noch zu sein scheint, denn das deutsch-türkische Zusammenleben war schon immer eine komplizierte Angelegenheit. Es hat weder heute begonnen, einfacher zu sein, noch wird es morgen enden, schwierig zu bleiben. Beide Völker sind durch ein unsichtbares Band miteinander verbunden. Manchmal ist diese Verbindung selbst gewählt, ein anderes Mal fühlt man sich darin gefesselt und angewiesen auf den anderen. Trotz dieses leidenschaftlichen Verhältnisses aus An- und Ablehnung sind beide Völker einander immer noch fremd geblieben. Das gegenwärtige Zusammenleben ist daher nicht weniger kompliziert und geprägt von Vorurteilen und falschen Klischees.

Würde man eine Umfrage unter Türken machen, so käme dabei mit Sicherheit heraus, dass die meisten Türken denken, Deutsche seien nicht gastfreundlich, sondern kaltherzig und arrogant. Wenn es überhaupt eine typisch deutsche Tugend gäbe, dann wäre es Pünktlichkeit und Ordnung – die berühmte deutsche Gründlichkeit eben –, obwohl andere Länder es in diesen Disziplinen vielleicht schon längst weitergebracht haben.

Würde man eine Umfrage unter Deutschen machen, so ergäbe sie wahrscheinlich, dass die meisten Deutschen denken, der Türke liebe das Chaos, er sei ein Familienmensch und nehme es mit der Pünktlichkeit nicht immer allzu genau – die sprichwörtliche südländische Lebensart eben –, obwohl nicht gesagt ist, dass andere Völker weniger Temperament besitzen. Und wenn es überhaupt eine typisch türkische Tugend gäbe, dann wäre es die angeblich unendliche große Gastfreundschaft der Türken.

Genau solche unbestätigten Vorurteile, seien sie positiv oder negativ, stehen seit der Ankunft der ersten türkischen Gastarbeiter in Deutschland vor mehr als vierzig Jahren wie Mauern zwischen beiden Nationen. Vor allem aber ist die unsichtbare Barriere zwischen beiden Völkern nicht auf die Faulheit zu reduzieren, eine Sprache zu lernen. Sie hat etwas mit den zahlreichen Gemeinsamkeiten und den großen Unterschieden zwischen Deutschen und Türken zu tun, die, anders als andere Völker, oft einander so nah sind und manchmal doch so weit voneinander entfernt zu sein scheinen, dass es zwischen ihnen entweder nur eine intensive Zuneigung oder aber eine ausgeprägte Aversion gibt. Also freue ich mich, dass ich gefragt werde, wie man meinen Namen ausspricht, denn wenigstens interessiert sich mein deutsches Gegenüber für mich, und so antworte ich geduldig:

«Somuncu mit Betonung auf der zweiten Silbe und weichem c.»

Es ist aber nicht damit getan, diesem Deutschen vorzusprechen, was er sagen soll, denn offensichtlich fehlt es ihm nicht nur an Ohren und Augen, um den Türken zu verstehen, sondern auch an Verstand, um zu begreifen, woher die Missverständnisse zwischen uns kommen, wodurch sie entstehen, warum sie bleiben und wie lange sie schon existieren. Und selbst wenn man jedes einzelne Missverständnis aufklären könnte, so gäbe es immer wieder neue Fragen, die im Laufe unseres Zusammenlebens entstehen. Muss man die Unterschiede also nur ertragen, oder gibt es einen Weg der Annäherung, den man gehen kann, ohne seine Identität zu verleugnen oder gar sie aufzugeben? Kann man von den Stärken des anderen profitieren und seine Schwächen hinnehmen, ohne dabei Grenzen zu überschreiten oder sein Gegenüber zu kränken? Und wie soll man sich als Türke nicht gekränkt fühlen, wenn allein schon die Aussprache des eigenen Namens so schwer zu sein scheint? Wie schwer ist dann erst die Einfühlung in das vermeintlich fremde Gegenüber?

«Wie heißen Sie? Somuntschu, Samundzu, Simongo oder Sumpfkuh?», fragt der Deutsche mich, nun schon leicht genervt.

Zwecklos. Man kann es noch so oft wiederholen, der Deutsche scheint auf diesem Ohr taub zu sein. Vielleicht ist aber aus der Angelegenheit, die sich Integration nennt, auch längst schon Trotz geworden, und der Deutsche weigert sich einfach, den Türken zu verstehen und ihn als Teil seiner Realität zu akzeptieren, so wie der Türke sich weigert, sich endlich dem Deutschsein zu überlassen, weil er auch darauf hofft, eine Tages wieder in seine verlorene Heimat zurückzukehren. Vielleicht denken Deutsche und Türken wirklich immer noch, sie wären nur übergangsweise zusammen in diesem Land und würden eines fernen Tages wieder in ihre Heimat reisen. Doch wohin sollen sie dann reisen? In die Türkei? Diese Heimat gibt es nicht mehr. Schon gar nicht für die in Deutschland geborenen Kinder und Enkel der ersten Gastarbeitergeneration. Die einzige Heimat, die ihnen geblieben ist, ist ihr Name. Die vermeintliche Fremde ist schon längst ihr neues Zuhause geworden. Warum tragen die Türken diese innere Zerrissenheit dann also immer noch mit sich herum und quälen ihre deutschen Mitmenschen mit der Aussprache ihrer komplizierten Namen? Aus Stolz, Sturheit oder Verzweiflung? Die Türken brauchen anscheinend einen Halt in dieser ihnen so unheimlich erscheinenden Umgebung. Und sei es auch nur der letzte Rest Erinnerung an die Türkei ihrer Eltern, der sie türkisch sein lässt. Gleichzeitig aber bräuchten sie auch mehr Geduld mit den Deutschen, die vielleicht gar nicht so schlechte Gastgeber sind, wie man immer von ihnen behauptet. Man muss sich als Gast eben nur richtig zu benehmen wissen. Also versuche ich es immer wieder von vorn und wiederhole geduldig meinen Namen:

«Nein, Somuncu heiße ich!»

«Können Sie das buchstabieren?»

«Ja, das kann ich.»

Als Geste der Versöhnung (keinesfalls der Unterwerfung) versuche ich nun also mein Bestes und buchstabiere langsam meinen Namen. Dabei verwende ich nur Begriffe, von denen ich glaube, dass der Deutsche sie vielleicht besser erkennt. «Siegfried – Otto – Magda – Nationalsozialismus – Vitamin C – U-Bootkrieg», wodurch ich schließlich für vollkommene Verwirrung sorge und ungläubig-staunend angeglotzt werde:

«Häh? Somunvuk?»

Jetzt reicht es mir aber langsam! Kann das denn wirklich so schwer sein?

«Nein, Somuncu heiße ich! Und Sie? Sind Sie deutsch?», frage ich nun endlich in forschem Ton zurück. Vielleicht sollte ich einfach in die Offensive gehen, denke ich, um herauszufinden, was so kompliziert daran ist, eine größere Anzahl von Buchstaben aneinanderzureihen.

«Natürlich bin ich deutsch!»

«Und wie heißen Sie?»

«Wischnewski.»

Typisch deutsch!? Das soll man als Türke erst einmal fehlerfrei aussprechen.

Was ist schon typisch deutsch?

Deutsche sind nicht immer so, wie man sich Deutsche vor-
stellt. Deutsche haben noch nicht einmal mehr deutsche
Namen. Kein Wunder, denn diese klingen auch nicht besonders gut. Sieglinde, Adelgunde, Walburga, Wernher,
Kunibert, Heribert, Randolf oder gleich Adolf. Heute heißen die Deutschen Vanessa, Jacqueline, Jennifer, Dominik
oder Kevin – ganz besonders oft tragen Ostdeutsche solche
Namen.

Deutsche reden auch nicht mehr so, wie man früher gesprochen hat, gestochen scharf, wie aus dem Flakgeschütz
geschossen. Deutsche reden so wie meine Nachbarn. Meine
Nachbarin sagt in meinem Beisein zum Beispiel regelmäßig
zu ihrer Tochter: «Jacqueline, komma für de Omma.» Und
ich stehe daneben und frage mich: «Ist das etwas Ordinä-
res?» Der Satz geht sogar noch weiter. «De Mamma muss ma
mit de Kira Kacka!» Kira, das habe ich jetzt herausgefunden,
heißt die Hündin. Schöner Name. Aber *die* sind deutsch
und ich bin Türke. Na ja, ich war mal Türke. Ich bin es nicht
mehr.

Ich habe schon früh gemerkt, dass ich im falschen Körper auf diese Welt gekommen bin. Innerlich war ich nämlich immer schon mehr deutsch, äußerlich mehr Türke.
Und weil ich irgendwann dieser Zerrissenheit ein Ende
bereiten musste, weil ich nicht daran zugrunde gehen wollte, beschloss ich, Deutscher zu werden. Aber wie wird man
Deutscher? Was ist überhaupt deutsch, und was ist daran
anders, als türkisch zu sein? Gibt es überhaupt etwas typisch Deutsches oder Türkisches? Kann man nicht eine Mischung aus beidem sein, ohne sich dabei schlecht zu fühlen,

oder muss man sich für eine Seite entscheiden? Muss man, um diese Fragen zu beantworten, etwa in eine Gesprächs-gruppe, den «Anonymen Deutschen», gehen und eine Art Germanisierungsseminar besuchen, womöglich auch noch zusammen mit Schäferhunden aus Oberschlesien, und mit goldzähnigen Frauen aus Donauschwaben über das Wesen des Deutschen spekulieren? Oder muss man auf Fragen wie zum Beispiel: «Woran erkennen Sie, dass Sie deutsch sind?», antworten: «Na ja, ich wache manchmal nachts auf und tra-ge heimlich Wehrmachtsuniformen auf nackter Haut.»

Und bei welchem Arzt landet man, wenn man deutsche Hormone, Bier und Sauerkraut verschrieben bekommen möchte? Bei einem gewöhnlichen Allgemeinmediziner (fällt Deutschsein etwa unter Allgemeines?), oder geht man doch eher zum Internisten, vielleicht sogar zum Psychiater, um dieses unsichtbare Leiden an der eigenen, zwiegespal-tenen Identität zu heilen? Und wann stellt man endgültig fest, dass man Deutscher ist? Wenn einem nach der Hor-montherapie die typisch deutschen Biertitten gewachsen sind? Bestätigt der Arzt dann: «Jetzt sind Sie deutsch!», und verleiht das goldene Edmund-Stoiber-Siegel für angepasste Kanaken?

Ich weiß es nicht. Jedenfalls bin ich, nach Absolvierung eines verhältnismäßig unaufgeregten Parcours zum Beweis meiner redlichen Absichten seit geraumer Zeit deutsch. Seit mehr als fünfzehn Jahren nun schon fühle ich mich voll in-tegriert und leitkulturgestählt und genieße das Leben auf der anderen Seite der Nationalitäten. Die Einbürgerungs-zeremonie war allerdings eher unspektakulär und ohne großes Brimborium. Man bekommt eine Urkunde, muss unterschreiben – und schon ist man Deutscher. Aufgeräumter allerdings, als ich zunächst dachte, ist mein Innenleben dadurch auch nicht geworden, denn mittlerweile habe ich ganz andere Probleme. Ich bin mittlerweile so deutsch, dass ich nachts mit dem Lineal auf die Autobahn renne und messe, ob der Abstand zwischen den weißen Streifen gleich groß ist. Ständig fühle ich mich von jüdisch-marxistischen Verschwörungen und Konglomeraten deutschfeindlicher Lobbyisten verfolgt. Ich neige zur Schwermut und zum Größenwahn. Ich möchte mal wieder wer sein, meine Nationalhymne möchte ich genauso stolz singen wie der Amerikaner, Chinese oder Norweger, ohne dass ich gleich verdächtigt werde (wenn ich verdammt nochmal den Text wüsste), und auf meine Fahne bin ich stolz. Dabei wissen die wenigsten, die von uns (ehemaligen) Ausländern fordern, deutscher zu sein, als sie es sich zu sein trauen, was es wirklich bedeutet, deutsch zu sein, woher die seltsame deutsche Fahne kommt und ob es sich wirklich lohnt, auf etwas stolz zu sein, von dem man nicht genau weiß, was es eigentlich ist. Deutsch kann sehr viel und sehr unterschiedlich sein. Am deutlichsten merkt man das an der deutschen Sprache. Während beispielsweise der Alemanne *schaffen* geht, *malocht* man im Ruhrpott oder ist doch gleich lieber *werklos* im Norden. Während die Hessen gerne miteinander *babbeln*, *schwätzen* die Schwaben sehr ungern über Wichtiges, es sei denn, es handelt sich um einen ordinären *Klönschnack*, wie man ihn aus Ostfriesland kennt. Und der Kölsche *luurt*, während der Düsseldorfer *kiekt*. Einer den Rhein auf- und der andere den Rhein abwärts.

So ist das mit der Einheitskultur der Deutschen. Sie ist ein wahllos zusammengesetztes Stückwerk, bestehend aus tausend kleinen Einzelteilen. Ein Stück wahrhaftiger Multikultur, bei dem man nicht mehr weiß, woraus es sich zusammensetzt. Darauf könnte und sollte man eigentlich stolz sein, statt anderen aufzuzwingen, was sie zu tun und zu lassen haben, damit sie sich patent integrieren in eine deutsche Gesellschaft, die es eigentlich schon wieder gar nicht zu geben scheint.

Imaginäre Gegner – und Fußball als Ersatzbefriedigung

Dabei fällt mir wieder einmal die unsägliche Fußballeuphorie in Deutschland ein. Bei jedem Fußball-Länderspiel kehrt es wieder, dieses ewige Gerede: «Wir sind wieder wer. Wir sind wieder wer!» Sobald die Deutschen zweistellig gegen Taka-Tuka-Land gewinnen, sind sie wieder wer. Geht es um Fußball oder um die Rückeroberung eines guten Rufs? Und wer hat eigentlich dafür gesorgt, dass der Ruf beschädigt wurde? Unsichtbare Mächte, die im Hintergrund gegen die deutsche Integrität operieren, oder der Deutsche selbst, der in seinem Größenwahn nicht selten zur Maßlosigkeit neigt und seine ständig an ihm nagenden Selbstzweifel zur aggressiven Verfolgungsangst mutieren lässt? Sollte man sich als Deutscher nicht vielmehr fragen, wer «wir» denn vorher waren, sodass «wir» wieder wer sein müssen?

Und dann immer diese Mottos. «Zu Gast bei Freunden». Wer ist eigentlich Freund und wer der Gast? Ist man eingeladen, oder musste man sich qualifizieren? Macht der Gastgeber einen freundlichen Eindruck? Jedenfalls hat er sich fein rausgeputzt. Einmal Schwarz-Rot-Gold aus dem Wohnzimmerfenster, einmal aus der Küche, einmal aus dem Klo, schwarzgoldene Socken und wahrscheinlich auch Unterhosen, drei Streifen in jedem Slip und auf jeder Wange und fünf Fähnlein am Auto. Dumpfer Patriotismus an der Schwelle zur Übertreibung wird hier schnell zum hohlen Nationalismus, dessen Grundlage nicht die Erinnerung an das Nachweisbare, sondern die Hoffnung auf das fehlende Gedächtnis der anderen ist. Deshalb tauchen die Debatten um Fahnenkult und Nationalstolz auch immer fast wie von selbst im Umfeld dieser Ereignisse auf, so als würden sie dadurch an Legitimation gewinnen, dass man einen Anlass hat, die ewige Opferrolle der Deutschen und ihre verletzten Seelen wieder zum Thema zu machen. Plötzlich entdeckt man sein Faible für das Symbolische. Deutschland, ein einziges Fahnenmeer. Ganz nebenbei: Wenn man ein guter Gastgeber sein will, dann hängt man nicht seine eigene Fahne aus dem Fenster, sondern die der Gäste. Und wenn es den Gästen hier gefällt, dann werden sie es schon von ganz alleine sagen, ohne dass man es ihnen in den Mund legen muss.

Aber das spielt in der Stunde der nationalen Euphorie keine Rolle. Vor allem der Fußball eint Deutschland zu einer Nation von Kämpfern im Namen der verlorenen Patriotenehre. Aus Deutschland wird im Handumdrehen Fußballdeutschland. Ganz egal, welcher politischen Couleur und ideologischen Herkunft man ist – ganz Fußballdeutschland sitzt in solchen Momenten vereint vor dem Fernseher und fiebert mit. Ob Alt, ob Jung, ob Student oder Lehrer: Fußball ist Ehrensache. Und für Deutschland zu sein ist ein Minimum an Vaterlandspflicht. Wer gegen Deutschland ist, der ist ein missgünstiger Spielverderber und Nestbeschmutzer.

Eine ganze Nation schwelgt im kollektiven Fußballtaumel, reckt bei jedem Angriff die Fäuste in die Luft und spricht stolz bei jeder Aktion und jedem Tor im Pluralis Majestatis und von «unseren Jungs», auch wenn es mittlerweile Polen sind, die für Deutschland Tore schießen.

Die meisten allerdings, und schon gar nicht diejenigen, die hier jubeln, wissen, was es eigentlich bedeutet, auf Deutschland stolz sein zu wollen. Keiner weiß, was Deutschland bedeutet, woher es kommt und warum es überhaupt ein deutsches Nationalgefühl gibt, genauso wenig wie die meisten wissen, wer eigentlich Ausländer ist oder nicht. Man redet eben etwas daher, was man aufgeschnappt hat. Ressentiments sind selten aus Erfahrung gewachsen – selbst dann hätten sie nur bedingte Berechtigung –, sondern werden oft vererbt oder sind Teil eines Zeitgeists.

Dreht man die Uhr nämlich nur um ein paar Jahrtausende zurück, so verändern sich die Verhältnisse doch gravierend. Und aus den Prototypen hochentwickelter Zivilisationsexponate werden wieder zentraleuropäische Hinterwäldler, Vandalen, Barbaren, minderbemittelte Wurzelfresser, die sich seinerzeit aus Bronze kleine Liebesbeweise schufen und mit Bärenfellen um die Hüften durch die niederrheinische Pampa hüpften.

Als Deutschland nämlich noch im kulturgeschichtlichen Tiefschlaf zwischen Antike und frühem Mittelalter steckte und es anstelle eines einheitlichen Staates namens Deutschland nur einen Flickenteppich aus unterschiedlichen Bevölkerungsgruppen und Volksstämmen gab, ernährte man sich hier noch von Wurzeln, Beeren und Dreck, während die chinesischen Kaiser der Han-Dynastie bereits aus feinen Porzellantassen Tee schlürften. Erst als die römischen Soldaten bei ihrem gelegentlichen Kontrollgang am Limes, diesem römischen Grenzwall, der zwischen Barbaren und Zivilisierten trennen sollte, die Vorfahren der Deutschen auf der Suche nach Nahrung entdeckten, brachten sie ihnen bei, dass man den Brei, den sie anrührten, auch mit Wein veredeln kann. Was mögen die Römer damals wohl gedacht haben, als sie die Germanen zum ersten Mal entdeckten?

«Schau mal, da sind Barbaren! Oooh, wie niedlich. Hey, Barbar, was hast du denn da in der dreckigen Klaue? Fein hast du das gesammelt, das sind ja Beeren und Dreck und Wurzeln. Hm, das schmeckt bestimmt lecker. Probier doch mal den Wein hier. Vielleicht schmeckt das ja noch besser.»

Und siehe da, erst grunzt der Germane unzufrieden, schließlich hat er ein feines Gespür für Ironie, dann nähert er sich langsam der hohen Mauer, und schließlich fängt er die Tropfen auf, die der römische Legionär auf den undefinierbaren Klumpen Nahrung fallen lässt. Ermuntert durch freundliche Gesten des Römers, riecht der Germane an der Masse, beginnt schließlich zu schlecken, gluckst und grunzt voller Zufriedenheit und tut sein Gefallen über die neu gefundene Erweiterung seines kulinarischen Repertoires kund.

So oder ähnlich muss es kurz nach den Feldzügen des Drusus, Tiberius und Varus zugegangen sein, als die Römer den Germanen das Kochen beibrachten.

Die Germanen wiederum nahmen dieses Geheimnis mit in ihre Höhlen, woraufhin ein erbitterter Streit um die Delikatessen entstanden sein muss. Der eine will dem anderen das Essen rauben, doch man einigt sich nicht. Es gibt ein Handgemenge, kleine Kinder mit struppigen Haaren und verdreckten Gesichtern schluchzen um die Wette. Fleischarmige Frauen mit rötlichen Gesichtern und großen Brüsten versuchen, die in Rage geratenen Familienoberhäupter zu beruhigen, es gibt eine Art frühen Bürgerkrieg, an dessen Ende wohl auch das erste und doch bis heute wesentliche deutsche Wort entsprungen sein muss.

Erst stammelnd «R...», dann stotternd, «aa...». Schließlich andeutungsvoll «adi...», nun deutlich erkennbar «adol...», wieder äffischer, «uu...», zwischendurch vielversprechend, «ss...».

«Raus!», sagt schließlich der eine Germane zum anderen. Zwar noch unverständlich, fast radebrechend, aber bestimmt und fordernd, während sein Gegenüber mindestens ebenso erregt entgegnet: «Selber!», und dafür ein weiteres «Raus!» kassiert. «Selber!»

«Raus!»

«Selber!»

Und so sind dann wahrscheinlich auch Ost- und Westdeutschland entstanden.

Heute hört man diese Begriffe in anderem Zusammenhang. «Ausländer raus!» Vor allem dort, wo es gar keine gibt, zum Beispiel in Sachsen, wo wahrscheinlich auf jeden noch lebenden Ausländer tausend Nazis kommen.

«Raus!», das muss sein, das ist ein ernsthaftes Anliegen des Deutschen, seitdem andere in seinen Lebensbereich eindringen und ihm angeblich seinen Wohlstand neiden. Und deshalb ist es auch kaum verwunderlich, dass manche diesen Anspruch ganz offen kommunizieren. Egal, wie verboten und heikel es ist. Ganz sicher sollte man es nicht so machen wie der Taxifahrer, mit dem ich vor einiger Zeit durch Düsseldorf fuhr.

Auf der linken Seite seines Wagens hatte der Mann die Deutschlandfahne befestigt und auf der rechten Seite die Reichskriegsflagge. Abgesehen davon, dass eine derart unverhohlene Zurschaustellung ideologischer Präferenzen in diesem Land mittlerweile strafbar und der Glaube daran, dass es niemandem auffallen könnte, zudem auch sträflich dumm ist, bemerkte ich, meiner Bürgerpflicht Folge leistend, «Falsche Fahne!», um mir dann sagen zu lassen, dass es das «falsche Taxi» sei, in das ich gestiegen bin. Noch bevor ich das obligatorische «Raus!» zu hören bekam, stieg ich aus dem Taxi aus und fragte mich, worauf sich das harsche «Raus!» des verkappt-bekloppten Freizeitnazis bezog. «Raus aus meinem Taxi!» oder gleich «Raus aus meinem Deutschland!»?

Schade. Manchmal wäre ein wenig mehr Nachdruck im Ausdruck dumpfer Sehnsucht nach Artenreinheit für uns Rezipienten dieser Ansprachen besser verständlich. Es ist doch auch für uns (Ex-)Ausländer unbefriedigend, wenn wir mit verstecktem Lob geködert und zugleich mit Komplimenten irritiert werden: «Sie sprechen so ein hervorragendes Deutsch. Man merkt gar nicht, dass Sie Ausländer sind.» Und dann werden wir bei der geringsten Verfehlung wieder dorthin zurückgewünscht, wo wir hergekommen sind. In meinem Fall wäre das allerdings das schöne Düsseldorf am Rhein.

Fast schon bin ich froh, wenn jemand so deutlich zu seiner Haltung steht wie dieser Taxifahrer, denn die versteckten Zweideutigkeiten und Anspielungen sind mir viel suspekter. Dabei schöpft man bei der Wahl seiner Vorurteile aus dem Repertoire der jahrzehntelang gepflegten Ahnungslosigkeit und Unkenntnis über das Fremde. Was weiß man schon über diejenigen, die man unsympathisch findet? Warum hält sich immer noch jedes Märchen, obwohl sein Urheber schon längst über alle Berge ist? Und warum trifft diese ziellos zügellose Intoleranz seit Jahrhunderten immer wieder die gleichen Empfänger?

Die wenigsten haben in ihrem Leben jemals einen Juden gesehen, aber fragt man danach, haben die meisten etwas gegen Juden. Der Pole klaut mit Vorliebe deutsche Autos, der Italiener ist ein angeberischer Beau, der uns die Frauen ausspannt, der Neger ist faul und dumm und der Russe schwermütig, der Engländer ein überheblicher Snob, der Franzose noch viel arroganter.

Der schlechteste Ausländer aber ist und bleibt der Türke. Der Türke ist unberechenbar, fremd, eigensinnig und hinterhältig – fast eine Art Ersatzjude.

Der Türke steht für Renitenz und Anpassungsunfähigkeit, für Grüppchenbildung und Parallelgesellschaft. Der Türke ist integrationsresistent und inkompatibel. Er hat eine andere Religion und eine andere Sprache, und sein Wesen hat etwas Invasorisches. Kommt einer, kommen alle! Obwohl die Türken im Gegensatz zu anderen Eindringlingen niemals in den Urlaub fahren, vielleicht gerade weil sie eine recht schöne Heimat haben, in der sie bleiben könnten, interessieren sie sich sehr, aber selten aus friedlichen Gründen, für fremde Länder.

Ähnlich wie ein Insekt, das durch seine unkontrollierte Bewegung Menschen ängstigt, so löst der Türke durch sein unberechenbares Benehmen Panik beim Deutschen aus. Mal will er Deutscher sein, dann wiederum skandiert er antideutsche Parolen. Die einzelnen Teile passen nicht zusammen und sorgen für eine fundamentale Skepsis in Absicht und Hintergrund des türkischen Verhaltens.

Das Ganze muss also einen anderen Hintergrund haben. Der Türke scheint es auf die heimliche Enteignung Europas abgesehen zu haben, und Deutschland ist dabei seine Schaltzentrale, denn der Deutsche ist gutmütig und leicht zu irritieren. Im Zweifelsfall kann man ihm immer noch seine dunkle Vergangenheit vorhalten, dann öffnen sich die Türen von selbst. Das osmanische Sondereinsatzkommando führt seinen Eroberungskrieg im Kleinen weiter, nachdem es zunächst erfolgreich vor den Toren Wiens abgewehrt werden konnte.

Es scheint also eine Affinität zur Angst vor Überfremdung zu geben, die den Deutschen verfolgt und ihn immer wieder dazu bringt, sich verfolgt zu fühlen. Und diese Angst scheint der Türke am besten zu bedienen.

Wenn deutsche Politiker von Ausländern sprechen, die nicht integrationswillig sind, meinen sie selten Belgier oder Österreicher, schon gar nicht sprechen sie von amerikanischen GIs, die, obwohl sie hier seit geraumer Zeit leben, nicht ein einziges Wort Deutsch sprechen. Sie meinen die Türken. «Mit uns wird die Türkei nicht EU-Mitglied», schreien die Größen der angeblichen Volksparteien gerne schon mal in rauchgeschwängerter Bierzeltatmosphäre und ernten dafür zustimmendes Gegrunze. Dabei bräuchte man davor, dass die Türken in Deutschland sich unkontrolliert vermehren, schon längst keine Angst mehr zu haben.

Die meisten Türken sind nämlich schon längst in Deutschland. Drei Millionen leben in Deutschland, die Hälfte davon sind sogar schon deutsche Staatsbürger, und die «asozialsten» und «gefährlichsten», so wie sie in wiederkehrend-xenophoben Panikattacken dargestellt werden, diejenigen also, vor denen man Angst haben könnte, leben nicht in der Türkei, sondern mitten unter uns!

Warum sollte auch ein anständiger Mensch aus der Türkei nach Deutschland kommen wollen? Das Wetter jedenfalls ist in der Türkei deutlich besser. Und wäre es nicht besser, darüber nachzudenken, aus welchen Gründen Türken ihre Heimat verlassen? Und was kann man gegen diese Gründe tun, statt weiter an Provisorien in Form von nachgebesserten Ausländergesetzen und Geisterdebatten festzuhalten und sich zu wundern, wenn diese nicht greifen?

Untersuchen wir also einmal gemeinsam, woher diese Haltungen kommen, ob es wirklich bleibende Haltungen sind oder nur vorübergehend-wiederkehrende Gesinnungen. Trägt der Türke vielleicht sogar seinen Teil dazu bei, oder gibt es einen Grund dafür, dass sich diese Aversion ohne nachweisbare Bestätigung hartnäckig am Leben hält?

Und das, obwohl man noch nie in seinem Leben einen dieser Menschen persönlich kennengelernt hat, kennenlernen wollte oder konnte. Schließlich muss man vor dem Kennen erst einmal lernen. Und wie kann man unterscheiden, wer was ist, wenn man noch nicht mal die Sprache seines klischeebehafteten Gegenparts beherrscht? Ein Mindestmaß an Anpassung muss also auch den Deutschen abverlangt werden. Ansonsten wird es schwer bleiben, den Fremden zu erkennen. Man muss schon mehr von den Menschen wissen und verstehen, um sie wirklich als Fremde einzuordnen.

Woran erkennt man also einen Deutschen, woran einen Juden, einen Sinti, Türken oder Afghanen? Reicht es, einfach alles zu glauben und nichts zu wissen? Alles nachzuplappern, was man irgendwann und irgendwo mal aufgeschnappt hat, oder muss man eine fundierte Bildung haben, um glaubhaft nationalistisch zu sein? In manchen Dingen sind wir Türken und Deutsche uns ähnlicher, als wir es wahrhaben wollen. Einzig das verkrampfte Festhalten an nationalen Denkmustern scheint manche vor ihrer nahezu krankhaften Angst vor Überfremdung zu bewahren. Für diese Art von Dekompensation scheint der Fußball nach wie vor ein ideales Transportmittel zu sein.

Die meisten meiner Bekannten beispielsweise halten ihr neuentdecktes Faible für das Übergeordnete sogar für folgerichtig und argumentieren munter drauflos, ohne zu wissen, wen sie eigentlich in Schutz nehmen, wenn es um ihre anscheinend so naive Freude am Fußball geht. Und so tarnt manch einer seine Leidenschaft als sportliches Interesse und vergisst dabei, dass es gefährlich sein könnte, einem vorbestraften Killer ein scharfes Messer in die Hand zu drücken, damit er damit die Salami Nationalstolz in hauchdünne Scheiben aus dumpfem Ehrgefühl, plumpem Zusammengehörigkeitsrausch und hohlem Gewöhnlichkeitsanspruch schneiden kann.

Ich weiß zwar nicht, ob es Teil einer gewachsenen Minderheitsparanoia ist, dass ich überall Dinge sehe, die andere nicht zu interessieren scheinen; ich weiß auch nicht, ob es vermessen ist, als Geduldeter seinen Gastgebern Ratschläge zu geben, wie sie zumindest vertuschen könnten, was ihr wahres Wesen ausmacht. Schließlich habe ich vor der eigenen Haustür genug Dreck, den es wegzukehren gilt, wird man denken. Zwar nur dann, wenn ich für solche Argumentationsketten retürkisiert und zugleich zum Stellvertreter sämtlicher Regierungen inklusive Regime der Türkei gemacht werde. Aber im Tauschgeschäft um die Relativierung von Völkermorden zählen offensichtlich ein toter Armenier und ein angeschossener Kurde so viel wie zwei vergaste Juden.

Es mag also vermessen klingen und zum Teil Einbildung sein, wenn ich überall das Böse lauern sehe. Aber ich bin mir auch ziemlich sicher, dass es genau dieses flaue Gefühl in der Magengegend sein muss, das ein Überlebender des Holocaust hat, wenn er das deutsche Gespenst auf dem Weg zur vermeintlichen Normalität quicklebendig Freudensprünge machen sieht, weil man sich sein Gewissen so einfach entlasten kann, indem man aus dem selbstbegangenen Verbrechen ein relativierbares Ereignis macht und andere für mindestens genauso anfällig, wenn nicht sogar verführbarer hält.

Wenn sich bei jedem Freistoß im Stadion sechzigtausend Hände in die Höhe recken, und das im eigens für die Olympiade 1936 von Albert Speer für Hitler erbauten Olympiastadion in Berlin, wenn dazu auf den Transparenten in altdeutscher Schrift «Sieg» prangt, frage ich mich: Was würde eigentlich jemand denken, den man per Zeitmaschine aus einem ehemaligen KZ direkt ins Berliner Olympiastadion verfrachtete? Aus seiner Sicht hätte sich sicherlich nicht viel verändert, bis auf die dicke Frau auf Hitlers Platz.

Die dicke Frau, also Angela Merkel, müsste doch eigentlich wissen, was sie da treibt. Oder weiß sie es vielleicht sogar und treibt es absichtlich? Vielleicht ist das auch Teil eines «Wir sind wieder wer!», dass wir vergessen, wer wir waren und warum wir so geworden sind?

Das Meinungsforschungsinstitut Forsa führte jüngst sogar Umfragen zum angeschlagenen Erinnerungsvermögen der Deutschen durch und fand heraus, dass jeder vierte Deutsche nicht alles schlecht fand, was Hitler gemacht hat. Sensationell!

Hätte jeder vierte Deutsche schon einmal ein ehemaliges KZ besucht, wäre die Umfrage sicher anders ausgegangen. Schließlich verblasst die Begeisterung für den Erfolg einer banalen Idee, wenn man ihre grausamen Auswirkungen kennenlernt.

So sind die Deutschen eben. Andere spielen, um zu gewinnen, die Deutschen spielen, um zu besiegen. Gute Gastgeber wollen sie sein, aber sie hissen ihre eigenen Fahnen statt der der Gäste.

Nicht dass jemand auf die Idee kommt, es handele sich dabei um einen billigen Vorwand, um nationales Gehabe zu etablieren. Nein, es geht nur um die Rückeroberung der Normalität. Schließlich dürfen die anderen auch ihre Fahnen hissen und ihre Hymnen schmettern.

Der Deutsche hat es nicht leicht. Ständig fühlt er sich verfolgt. Ständig ist er das Opfer und wäre doch gern mal selbstbewusst der Täter. Also Schluss mit der ewigen Schlussstrichdebatte! Wir brauchen eine neue Normalität und einen unbefangeneren Umgang mit Intoleranz.

Wohin mit den Komplexen?

Wenn es nur so einfach wäre. So schlecht es um den Umgang der Deutschen mit ihrer eigenen Identität steht und obskure Vehikel und zündlerische Ersatzdiskussionen als Ersatz für einen fundierten Diskurs über den Kern der Integrations- und Leitkulturdebatte bemüht werden müssen, so schlecht steht es mittlerweile leider auch um das deutsch-türkische Verhältnis. Wir stehen heute, mehr als vierzig Jahre nachdem der erste türkische Gastarbeiter in Deutschland angekommen ist, vor den Trümmern eines gescheiterten Integrationsexperimentes. Die einst integrationswilligen Türken kehren sich ab von der Idee einer pluralistischen Gesellschaft, in der man von den gegenseitigen Einflüssen profitiert und den anderen unabhängig von seiner Herkunft und Religion respektiert. Sie riegeln sich sogar mehr und mehr ab, leben lieber nach den Regeln des Korans als nach denen des Grundgesetzes und bleiben aus Angst vor den Ansprüchen ihrer Gastgeber lieber unter sich, während die Deutschen zunehmend ratlos vor den Türen der Parallelgesellschaften stehen und sich noch nicht einmal fragen, welchen Anteil sie selbst dazu geleistet haben, dass sich diese bilden konnten. Mittlerweile gibt es unter den in Deutschland lebenden Türken immer weniger Anstrengungen, sich als Deutsche zu identifizieren, geschweige denn als gleichwertiger Teil einer deutschen Gesellschaft zu betrachten, so wie es auch unter den Deutschen wenig fundierte Kenntnis über die Lebensrealität der in Deutschland lebenden Türken gibt.

Dabei fordert niemand von seinem Gegenüber, dass er seine Eigenheit vollständig aufgibt und in der anderen Kultur aufgeht.

Der Türke darf seine Erinnerung an die Türkei genauso behalten wie der Deutsche seinen Anspruch an Deutschland. Erst wenn beide Seiten beginnen, von den Einflüssen des anderen zu profitieren, und die Frage nach der eigenen Identität nicht zur Zerreißprobe zwischen den Kulturen wird, beginnt die wirkliche Integrationsarbeit. Solange jede Seite darauf beharrt, einzig die deutsche oder die türkische Kultur in den Mittelpunkt zu stellen, so lange bleibt dieser Prozess sinnlos, und beide Seiten leben statt miteinander weiter aneinander vorbei.

Sosehr Integration aber auch Annäherung bedeutet, so wenig darf sie zur unterwürfigen Anpassung um einer oberflächlichen Anerkennung willen werden. Sein eigenes Wesen zu behalten heißt nicht, gegen den anderen zu sein. Das andere zu imitieren hingegen wirkt schnell anbiedernd. Ein Selbstbewusstsein ohne Arroganz, eine Offenheit ohne Anbiederung und eine Neugier ohne Angst vor Kontrollverlust ist der einzige Weg, den man gehen kann, wenn man diesen Vereinigungsprozess mit «heiler» Haut überstehen will. Dafür müsste man allerdings das eigene Bild des «Anderen» erst einmal korrigieren.

Die falsche Selbstdarstellung der Türken

So wenig, wie Deutsche immer nur in Lederhosen Marschmusik hören und den ganzen Tag Schwarzwälder Kirschtorte essen, so wenig tragen alle Türken schlechtsitzende Anzüge und essen den ganzen Tag nur Döner. Manche Deutsche bevorzugen auch einen Kaftan, und viele Türken tragen T-Shirts.

So wenig, wie jeder Deutsche blonde Haare hat und Hans heißt, haben alle Türken einen Schnauzbart und heißen Ali, Mehmet oder Murat. In den wenigsten deutschen Wohnzimmern findet sich eine Kuckucksuhr, so wie die meisten Türken noch nie eine Wasserpfeife geraucht haben.

Ältere türkische Brüder passen genauso gut auf ihre kleinen Schwestern auf wie ihre deutschen Pendants. Manche Türken essen sogar Schweinefleisch, viele Deutsche sind Vegetarier. Es gibt türkische Frauen, die in Scheidung leben, und Deutsche, die nicht heiraten dürfen, so wie jedem deutschen, aber auch jedem türkischen Mann laut Gesetz nur eine Ehe erlaubt ist.

Die Vorurteile mischen sich oft mit Bildern, die man aus Märchen und Filmen kennt. Die meisten Ansichten sind schon längst zu Legenden geworden. Natürlich gibt es auch Türken – besonders in Deutschland –, die genau das Klischee erfüllen. Manche stilisieren es sogar ganz bewusst und schaffen damit eine eigene deutsch-türkische Kultur, die man wiederum in der Türkei nicht kennt. Trotzdem halten sich seit Jahren noch immer längst widerlegte Vorurteile und Vorbehalte, obwohl es ausreichend Gelegenheit gäbe, sich jeweils vom Gegenteil überzeugen zu lassen.

Natürlich hat jedes Klischee auch ein gewisses Maß an Berechtigung. Einige dieser Vorurteile sind leicht zu widerlegen, andere werden wohl ewig in den Köpfen bleiben, manche sich vielleicht von selbst erledigen.

So wird den Türken gerne unterstellt, sie neigten dazu, sich unter ihresgleichen zu verschanzen und sich deutschen Einflüssen kategorisch zu verweigern.

Tatsächlich ist es so, dass sogenannte Parallelgesellschaften wie zum Beispiel in Duisburg-Marxloh oder Köln-Mülheim vor allem durch die Wohnungspolitik der deutschen Behörden geschaffen wurden, die es lange Zeit für sinnvoller hielt, Türken in eigene Ghettos zu verfrachten, statt sie zusammen mit Deutschen wohnen zu lassen. Wenn es wirklich Parallelgesellschaften auf dieser Welt gibt, dann schon eher auf Mallorca.

Ähnlich war es in der Schulpolitik. Statt türkische und deutsche Schüler zusammen in eine Klasse zu setzen, wurden eigene Klassen für Ausländer gebildet – angeblich, weil diese die deutsche Sprache nicht beherrschten. In Wirklichkeit sprechen die meisten der in Deutschland aufgewachsenen und lebenden türkischen Gastarbeiterkinder viel besser Deutsch als Türkisch, und ihre Kenntnisse der deutschen Realität sind bei weitem größer als ihr Allgemeinwissen über die Türkei.

Immer wieder wird behauptet, die in Deutschland lebenden Türken verfügten über eine ausgesprochen große kriminelle Energie und würden den Großteil der in Deutschland registrierten Straftaten begehen. Die Statistiken sprechen jedoch eine andere Sprache. Die Zahl der rechtsradikalen Übergriffe ist bei weitem größer und wächst zudem schneller. Zwar haben die Türken einen größeren Anteil an den Straftaten der in Deutschland lebenden Ausländer, aber sie stellen auch mit fast 3,5 Millionen Menschen den größten Teil der ausländischen Bevölkerung.

Diese Behauptung ist also ebenso falsch wie die immer wieder gern geäußerte Theorie von der Einwanderung in die Sozialsysteme. In Deutschland tragen die Türken wesentlich mehr zur Steigerung des Bruttosozialproduktes bei, als sie von den Sozialsystemen profitieren. Auch die türkischen Unternehmer in Deutschland verlassen die klassischen Nischen der Immigranten. Waren türkische Unternehmer in den achtziger Jahren in 36 Branchen aktiv, sind es heute 132. Noch immer macht die Lebensmittel- und die Gastronomiebranche 50 Prozent des Jahresumsatzes der türkischen Unternehmer aus. Die zehntausend Dönerbuden erwirtschaften mehr als die McDonald's-Filialen in Deutschland. Ihr Anteil am Gesamtumsatz der türkischen Unternehmer ist aber seit Jahren rückläufig. Dagegen wächst die Zahl der türkischen Handwerker, Bauunternehmer und Dienstleister. Insgesamt beschäftigen die 58 000 Selbständigen rund 366 000 Mitarbeiter, davon ein Drittel Deutsche. Prognosen gehen davon aus, dass die Zahl der türkischen Unternehmer und die Zahl der Arbeitsplätze sich bis 2010 verdoppeln.

Allein in den letzten zwei Jahren wurden durch türkische Unternehmen in Deutschland mehr als 300 000 neue Arbeitsplätze geschaffen. Knapp 14 Prozent der in Deutschland lebenden Türken sind dagegen arbeitslos. 2005 waren es noch 24 Prozent. Und auch die Zahl der türkischen Sozialhilfeempfänger ist rückläufig und bei weitem geringer als die der Einwanderer aus anderen Ländern, wie der SPIEGEL berichtete.

Außerdem widersprechen sich die Aussagen der Türkenfeinde. Entweder nehmen die Türken den Deutschen die Arbeitsplätze weg – dann können sie nicht arbeitslos sein –, oder aber die Türken profitieren von den deutschen Sozialsystemen, ohne zu arbeiten, dann können sie den Deutschen nicht die Arbeit wegnehmen.

So sehr, wie sich die Vorurteile der Deutschen über die Türken immer wieder um die Angst vor materiellen Einbußen oder um die innere Sicherheit drehen, so wenig wissen die meisten Menschen in Deutschland, dass die größte Gefahr immer noch von den eigentlich gut gemeinten Integrationsmaßnahmen deutscher Behörden ausgeht. Um die kulturellen Eigenheiten zu erhalten, unterstützt man vor allem religiöse Projekte und Vereine. Aber nicht jede Moschee in Deutschland ist ein Glaubenshaus. Nicht jeder Kulturverein kümmert sich um den kulturellen Austausch zwischen Deutschen und Türken.

Wenn es um eine Bestandsaufnahme des repräsentativen Durchschnitts geht, dürfen allgemeine Behauptungen nicht zum Grundsatz gemacht werden. Viele Türken nimmt man erst gar nicht wahr, weil sie so normal sind. Und dennoch ist das Bild der kopftuchtragenden türkischen Frau, das des gebetskranzschwingenden türkischen Mannes präsenter als jedes andere. Prägen sich diese Bilder besser ein, oder werden sie einfach nur häufiger gezeigt? Warum also transportiert sich dieses Image besser als das andere, und warum tragen sogar die Türken selbst dazu bei, obwohl sie genau wissen, dass es nicht der Realität entspricht?

Es sind nämlich keineswegs nur die Deutschen, die ein falsches Bild von den Türken haben – auch die Türken selbst vermitteln besonders in den Medien ein falsches Bild von sich selbst und verzerren damit die Perspektive auf eine deutsch-türkische Realität.

Es gibt sogar Türken, die Türken so spielen, wie sie glauben, dass Türken sind, damit andere, die nicht wissen, wie Türken eigentlich sind, denken, dass Türken so sind, wie sie gespielt werden von Türken, die selbst nicht wissen, wie sie eigentlich sein müssten.

Vor allem prominente türkische Künstler reiten auf dieser seit Jahren funktionierenden Welle und stellen Türken lieber so dar, wie man es von ihnen erwartet, obwohl sie paradoxerweise zum größten Teil gar nicht wissen, was es bedeutet, wirklich türkisch zu sein, denn die meisten von ihnen sprechen kein einziges Wort Türkisch und sind in Deutschland geboren.

Im Klartext bedeutet das: Manch ein Türke verkauft schon gerne einmal seine Seele dafür, dass er ein wenig Anerkennung bekommt. Statt als unberechenbar und eigensinnig ausgegrenzt zu werden, scheint es für viele Türken immer noch besser zu sein, dem Klischee zu entsprechen und sich nicht gegen Vorurteile zu wehren, besonders wenn es um persönliche Vorteile geht. In diesen Angelegenheiten sind sich die Menschen offenbar auf der ganzen Welt ähnlich.

Und auch ich habe seinerzeit lieber den «Quotenkanaken» gegeben, um einen Job zu bekommen, statt abzulehnen und darum zu kämpfen, dass man mir die Chance gibt, das Klischeebild des Türken zu widerlegen. Als türkischer Schauspieler hat man es nämlich nicht immer leicht. Obwohl man denken könnte, dass es nirgendwo toleranter und aufgeschlossener zugeht als in der Welt des Films und der Bühne, ist es doch oft so, dass man nach oberflächlichen Kriterien ausgesucht und besetzt wird. So spielte ich lange Zeit immer wieder die gleichen Rollen – in der Regel Zuhälter, Drogendealer und Autoverchecker – und habe damit meine eigene Kultur verraten und zugleich mein eigenes Ansehen diskreditiert. Schlimmer noch: Ich habe aus Angst davor, einen Job zu verlieren, mich selbst verleugnet und sogar klein gemacht, wenn ich zum Beispiel im Casting auf Hochdeutsch vorgesprochen habe, um dann die Rolle selbst in radebrechendem Deutsch zu spielen, so als könnten die hier lebenden Türken grundsätzlich kein akzentfreies Deutsch.

Schließlich lässt sich das besser verkaufen, und so wie jede Schauspielerin einmal mit dem Gedanken gespielt haben mag, es auf der Besetzungscouch zu versuchen, so hat mindestens jeder türkische Schauspieler oder Künstler seine Seele an den deutschen Besetzungsteufel verkauft. Denn die Rollen werden schließlich auch gut bezahlt, und wer sich in den Hexenkessel der Fernseh- und Filmwelt begibt, der weiß, dass man dort Stereotype besetzt und selten wahre Schauspieler sucht.

So habe ich beispielsweise für einen kurzen Gastauftritt in der Serie «Lindenstraße» für jedes gesprochene Wort ein sattes Honorar kassiert, wobei der Satz, den ich sagen durfte, mit «Kollega, nix verstehn», recht kurz ausfiel. Dass ich mir dazu aber auch noch eine Perücke und einen Bart ankleben ließ und einen schlechtsitzenden Anzug trug, führte nicht zu einer Weltkarriere, sondern lediglich dazu, dass mich in dieser lächerlichen Montur noch nicht einmal meine eigene Mutter erkannte und auf meine Auskunft «Ich war der mit dem Bart» berechtigterweise mit «Du Nutte, hast dich verkauft!» reagierte. Seitdem lehne ich solche Rollenangebote kategorisch ab.

Warum jedoch haben sich Generationen von Schauspielern, Schriftstellern, Regisseuren und Malern als Migrationskünstler kleiner machen müssen? Warum konnten wir nicht von Anfang an fordern, als vollwertige Künstler anerkannt zu werden? Und warum fällt es der deutschen Öffentlichkeit mittlerweile so leicht, einen türkischen Regisseur und Filmemacher wie Fatih Akin mit einem Schlag einzubürgern, sobald er erfolgreich arbeitet, und andere türkische Künstler, die mindestens genauso gut arbeiten und ihren Beitrag zur Kunstlandschaft in Deutschland leisten, zu ignorieren? Um diese Frage zu beantworten, muss man einen Blick in die Vergangenheit des deutsch-türkischen Kulturaustauschs werfen, und schon bald wird man fündig.

Anfänge des kulturellen Austauschs

Als die erste Gastarbeitergeneration der in Deutschland lebenden Türken begann, sich kulturell zu betätigen, war dieses die absolute Ausnahme, denn diese Menschen waren hier, um zu arbeiten, und nicht, um Theater zu spielen oder Bücher zu schreiben. Zudem gab es zu wenige unter ihnen, die die deutsche Sprache so gut beherrschten, dass sie einer strengen Betrachtung durch den deutschen Zuschauer standgehalten hätten.

Wenn es Anfang der sechziger Jahre überhaupt ausländische Einflüsse im deutschen Kino gab, waren es die zwielichtigen Gestalten in Westernfilmen, in denen deutsche Synchronsprecher dunkelhäutigen und schnauzbärtigen Bösewichten mit Sombrero ihre Stimme liehen, oder die englischen Kriminellen, die wortkarg durch Edgar-Wallace-Filme huschten und mit britischem Akzent Morde begingen.

Den Akzent von singenden, süßen kleinen Holländerkindern fand man putzig, gestattete Vico Torriani, Schweizer zu sein und auf Italiener zu machen, und war sich gleichzeitig darüber im Klaren, dass das einzig Mexikanische an Rex Gildo wahrscheinlich seine Schlangenlederschuhe waren.

Es gab also weder eine verlockende Illusion, die die Deutschen von den Türken hatten, noch gab es einen ausreichenden Schatz an gemeinsamen Erfahrungen.

Erst als einige Jahre vergangen waren und sich langsam herausstellte, welche Probleme es im Umgang miteinander gibt, begannen auch die Türken, sich zu artikulieren, und schrieben erste kleine Texte oder inszenierten Theaterstücke. Da es aber weder einen Zugang zu deutschen Bühnen noch größere Buchverlage oder Filmproduktionen gab, die ein solches Vorhaben nachhaltig und voller Überzeugung unterstützten, fand diese Arbeit im Stillen und meistens in kleineren Kreisen statt. Es gab zu dieser Zeit auch keine Satellitenschüssel, mit der man problemlos sämtliche TV-Kanäle dieser Welt hätte empfangen können; daher strahlten die großen Rundfunkanstalten sogar Programme in der Muttersprache der Ausländer aus. «Ihre Heimat, unsere Heimat» im WDR oder «Türkiye Mektubu» im ZDF waren die Vorläufer der heutigen Spartenkanäle, in denen man, abgeriegelt von der deutschen Restöffentlichkeit, unter sich blieb und sich über die Tücken des Gastarbeiteralltags austauschte. Wenn überhaupt über Kultur berichtet wurde, dann über Volkstanzgruppen aus Essen-Krey oder ein alewitisches Jugendfest in Salzgitter.

Türkische Schauspieler, Schriftsteller, Musiker oder Maler gab es im deutschen Fernsehen, auf den Bühnen oder der Leinwand kaum zu sehen, und wenn überhaupt, waren es immer nur die gleichen Gesichter, die auftauchten.

Eine ganze Industrie steckte noch in den Kinderschuhen, und es sollten noch etliche Jahre vergehen, bis man erkannte, welch enormes Potential in dieser Migrationskultur steckt. Filme wie Hark Bohms «Yasemin», «40 Quadratmeter Deutschland» von Tevfik Baser oder «Sirins Hochzeit» von Helma Sanders liefen unter dem Label der Programmkultur, und die darin angesprochene Thematik war den meisten Menschen in Deutschland fremd.

Eine der ersten türkischen Kabarettgruppen schließlich war das Duo Knobi-Bonbon aus Ulm mit den beiden Kabarettisten Muhsin Omurca, der heute noch als Kabarettist arbeitet, und Sinasi Dikmen, der ebenfalls noch auftritt, aber mittlerweile auch ein kleines Theater in Frankfurt am Main betreibt. Die Themen von Knobi-Bonbon waren, wie schon der Name es vermuten lässt, programmatisch klar ausgerichtet. Meist ging es um die Alltagserfahrungen der in Deutschland lebenden Türken, die man mit einem kleinen Augenzwinkern an den deutschen Zuschauer brachte. Der wunderte sich wahrscheinlich zu dieser Zeit nur darüber, dass der Türke anfing, sich zu artikulieren, und honorierte das Gezeigte mit wohlwollendem und anerkennendem Applaus. Aber dabei blieb es zunächst.

Tatsächlich sollte noch eine lange Zeit vergehen, bis sich die türkische Migrationskunst in Deutschland von ihrer eigenen Klischeebehaftung lösen und auch einen kritischeren Blick sowohl auf die eigenen Landsleute als auch auf ihre deutschen Gastgeber werfen konnte, ohne dabei Rücksicht auf die Befindlichkeit des Betrachters zu nehmen.

Eine elementare Komponente des künstlerischen Ausdrucks indes fehlte all diesen Künstlern der frühen deutsch-türkischen Jahre: die Freiheit, das zu sagen, was man denkt und sagen will (und wenn es noch so unbequem ist), statt gefällig zu sein und nur das zu formulieren, was andere hören wollen.

Erst wenn türkische Künstler sich deutsche Themen zu eigen machen, erst wenn sie aktiv an der künstlerischen Bewältigung des deutsch-türkischen Alltags teilnehmen und dabei kein Thema ausschließen, sind sie wirklich frei von der vorgegebenen Migrationsthematik und leisten einen neuen Beitrag zur interkulturellen Verständigung.

Doch noch ist es längst nicht so weit, dass man die exemplarisch zur Schau gestellte Domestizierung des Unberechenbaren für eine Aussage abgelegt hat, die mehr ist als die Bestätigung landläufiger Klischees. Die Angst vor Ablehnung und materieller Einbuße scheint immer noch größer zu sein als der Mut, zu sich selbst zu stehen. Ein Türke, der über Kopftücher, Knoblauch und Kriminalität spricht, verkauft sich eben besser als einer, der Goethe, Schiller oder Kafka vorträgt. Also reitet man lieber weiter auf der gleichen Welle und gibt den vermeintlichen Standardtürken.

Der mit Akzent sprechende Mustafa, der mit seiner kopftuchtragenden Frau schimpft, oder der türkische Türsteher Ahmet, der kaugummikauend Lebensweisheiten zum Besten gibt, bis zum Proleten Cengiz, der mit goldenem Armkettchen sprachliche Finessen zwischen Vulgarität und Unwissenheit zelebriert – all diese Figuren entsprechen schon lange nicht mehr dem Durchschnitt der deutsch-türkischen Realität. Und trotzdem werden sie immer wieder aufs Neue gezeigt.

Künstler der folgenden Generationen wie Django Asyl, Bülent Ceylan oder Kaya Yanar erweiterten zwar zunehmend ihren sprachlichen Wirkungsbereich und gingen damit offensiver um – Kaya Yanar schaffte es sogar, als erster Türke in die Domäne der deutschen Preisverleihungsmaschinerie einzudringen –, aber die Anerkennung, die er erhielt, war trügerisch, denn sie galt nicht seiner Kunst, sondern dem Erfolg seiner Arbeit, gemessen an seiner Herkunft.

Die Wirkung dieser scheinbaren Annäherungsversuche – aus meiner Sicht waren es eher Vereinnahmungsversuche – in Form von Ethno-Comedyformaten war eher ein Strohfeuer. Ihre Themen blieben auf das Oberflächliche begrenzt und gingen selten das Risiko ein, durch kontroverse Aussagen und Darstellungsformen Widerstand und Debatten unter Deutschen zu erzeugen. Der deutsche Zu-

schauer fand sich wieder einmal in seinem Türkenbild bestätigt; als ob es unter Türken in Deutschland nichts anderes
zu erzählen gäbe als diese simplen Geschichten von Klein-
kriminellen und Alltagsproleten.

Während die Bühnenkünstler, darunter die Kabarettisten weniger als die Schauspieler, lange Zeit im Korsett
ihrer eigenen Lebensrealität und des daraus resultierenden
Rollenverständnisses eingeschnürt blieben und sich nur
sehr langsam an differenziertere Bilder und neue Figuren
wagten, gingen die Schriftsteller schon einen Schritt weiter,
indem sie ihre Sprache an die Kraft ihrer Aussage anpassten
und ihrer Wut eine raue Stimme gaben. Feridun Zaimoglu
beispielsweise war einer der ersten türkischen Schriftsteller
in Deutschland, der seinen Sprachgebrauch radikal an die
deutsch-türkische Realität anpasste und damit Grenzen
überschritt, die man vorher nicht wahrgenommen hatte.

Und auch der bereits erwähnte Regisseur Fatih Akin
schaffte es, auf der Kinoleinwand neue, gänzlich unerwar-
tete Perspektiven zu zeigen.

Vor allem aber in der Musik zeigte sich die ungeheure
kreative Energie, die entstehen kann, wenn man neue Wege
einschlägt. Die erste Mischung aus deutsch-türkischer Musik kam Anfang der neunziger Jahre von der Gruppe Fresh
Familee aus Ratingen im Rheinland. Musiker unterschiedli-
cher Herkunft hatten sich zum ersten Mal zu einer Gruppe
von in Deutschland lebenden Immigranten zusammen-
geschlossen, die ihrem Protest mit rücksichtlosen Texten
Ausdruck verliehen. Und auch die deutsch-türkische For-
mation Cartel erzielte mit ihrer Mischung aus englischen,
spanischen, deutschen und türkischen Texten beachtliche
Charterfolge in der Türkei und in Deutschland. Zwischen-

zeitlich wurde Hip-Hop sogar zur Domäne der Deutsch-türken. Künstler wie Eko Fresh, Kool Savas und viele andere besetzten mit ihren Texten die Themen einer ganzen Generation von Gastarbeiterkindern und übertrugen diesen Geist auch auf die deutschen Künstler. Mittlerweile ist gerade die deutsch-türkische Hip-Hop-Kultur einer der besten Beweise dafür, wie fruchtbar und bereichernd der Austausch zwischen den unterschiedlichen Kulturen sein kann.

Während also in der Kunst der in Deutschland lebenden Türken ein Prozess der Assimilation eingesetzt zu haben scheint, blieb es auf der deutschen Seite lange Zeit sehr still. Und noch immer gibt es nur wenige deutsche Künstler, die sich das Zusammenleben zwischen Deutschen und Türken zum Thema ihres Schaffens gemacht haben.

Außer Günter Wallraffs Bestseller «Ganz unten», der sich als eines der wenigen Werke mit dem Leben der Gastarbeiter aus deutscher Sicht auseinandersetzt, sind die deutschen Künstler, Schriftsteller und Programmplaner noch lange nicht in der gemeinsamen Realität angekommen, so scheint es. Ihre Arbeiten sprechen zudem von einer haarsträubenden Unkenntnis der türkisch-deutschen Realität. Meist geht es um Ehrenmord und Familienfehde, selten werden die Probleme der in Deutschland lebenden Türken realitätsnah dargestellt.

Betrachtet man sich beispielsweise die Drehbücher aktueller Film- und Fernsehproduktionen, so muss man erschreckt feststellen, dass der Türke zumeist sehr schlecht wegkommt und immer noch für die Bestätigung längst überholter Klischees herhalten muss. In der Regel spielen die Deutschen die Guten, während Türken eher selten einen Liebhaber oder den Kommissar spielen «dürfen».

Vielleicht aber fehlt es den Menschen in Deutschland einfach an der nötigen Kenntnis im Umgang mit den Türken. Vielleicht sind die Türken auch selbst daran schuld, dass man Angst vor ihnen hat, weil sie es den Menschen schwermachen, sie zu verstehen. Vielleicht haben die Türken zu selten verraten, wie sie wirklich sein wollen. Vielleicht also brauchen die Deutschen nur ein wenig mehr Kenntnis über die Herkunft und ein paar Tipps für den Umgang mit ihren türkischen Mitmenschen – und sehen sie dann aus einer völlig neuen Perspektive.

WOHER KOMMT DER TÜRKE
UND WARUM HIERHER?

Eigentlich haben die Türkenhasser recht. Was hat der Türke, der ursprünglich aus Zentralasien stammt, hier zu suchen? Hier, mitten in Europa, muss er sich doch vollkommen verloren vorkommen. Es gibt keine Steppe, auf der er sein Zelt aufbauen kann, überall riecht es nach Abgasen, wo er doch die klare Luft und den Geruch von Ziegen und Hühnern vermisst, und sein nomadisches Wesen kann er nur auf Wiesen in adrett gepflegten Parkanlagen ausleben. Und das zum Verdruss der Eingeborenen, denn die mögen es nicht, wenn man auf dem akribisch geschnittenen Rasen eine Decke ausbreitet, eine Melone schneidet, gar ein halbes Lamm grillt und dazu Folkloretänze aufführt.

Aber was haben die heute in Deutschland lebenden Türken noch mit ihren Vorfahren, ihren Ursprüngen gemein?

Tatsächlich: In Wahrheit sind die meisten der in Deutschland lebenden Türken so wenig typisch türkisch wie Deutsche, die in Brasilien leben und den ganzen Tag im Dirndl herumlaufen. Die Deutschtürken oder Alamancilar, wie man sie abfällig in der Türkei nennt, haben sich in einer imaginären Türkei eingerichtet, die aus den Erinnerungen besteht, die sie aus ihrer Jugend und den Erzählungen ihrer Eltern behalten haben, und den Eindrücken, die sie von ihren Urlauben mitbringen. Vieles von dem, was hier noch als türkisch gilt, ist in der *echten* Türkei schon längst ein alter Hut.

Die meisten Deutschtürken haben vor allem keine türkischen Namen mehr. Sie heißen Ali, Mohammed oder Leyla, tragen also arabische Namen, obwohl sie eigentlich Timur Lenk, Cengiz oder Aslihan heißen müssten. Die meisten Deutschtürken sprechen noch nicht einmal mehr Türkisch, sondern ein Kauderwelsch aus Deutsch und Türkisch mit arabischem Akzent. Sie sagen *yoch (nein)* statt *yok* und *boch (Scheiße)* statt *bok.*

Es liegt wahrscheinlich daran, dass sich die Türken im Laufe ihrer jahrtausendelangen Auswanderungsgeschichte scheinbar immer wieder ihrer Umgebung angepasst haben. Die Einflüsse der Länder und Kulturen, die sie auf ihrem Weg nach Europa erobert haben, sind in ihrem Verhalten dabei oft unübersehbar; manchmal allerdings muss man sie auch gründlich suchen, um sie als Einfluss zu erkennen.

Ob es das wiederentdeckte Faible für den Glauben oder die Anlehnung an Sitten und Bräuche des arabischen Kulturraums, die europäischen Einflüsse in der Alltagskultur wie das Essen mit Messer und Gabel oder die Verschmelzung sprachlicher Grenzen sind – tatsächlich haben die Ursprünge der türkischen Kultur mit all diesen Dingen sehr wenig zu tun. Die eigentlichen Türken gibt es heute auch in der Türkei nicht mehr, weil die heutige Türkei auch nicht die ursprüngliche Heimat der Türken ist. Gemeinsam mit den unterschiedlichen Ethnien, die zuvor schon in Kleinasien lebten, bilden sie die heutige Türkei. In der Türkei leben heute Türken, Kurden, Zaza, Araber, Albaner, Tscherkessen, Georgier sowie diverse andere ethnische Gruppen und Nationalitäten wie Abchasen, Aramäer, Armenier, Bosniaken, Bulgaren, Griechen, Lasen, Tschetschenen.

Es gibt also schon lange keinen einheitlichen Begriff mehr für das, was wirklich türkisch ist. So unterschiedlich, wie die Menschen in der heutigen Türkei sind, so unterschiedlich sind auch ihre Bräuche, ihre Sprachen und ihr Glaube.

Manche Türken fasten, andere nicht. Manche trinken Alkohol, andere nicht. Manche Türken essen Schweinefleisch, andere nicht. Manche tragen Kopftücher, andere nicht. Manche Türken sind katholisch oder evangelisch, andere sind orthodox. Selbst die islamische Gemeinde ist aufgeteilt in mehrere Konfessionsgruppen, in Schiiten, Sunniten und Alewiten. Die heutige Türkei ist mittlerweile vor allem ein buntes Völker-, Religions- und Kulturgemisch aus den Einflüssen europäisch-nahöstlicher Kultur. Doch woher stammen die Türken denn nun wirklich, und wo wollen sie noch hin?

Ursprünge

Die Türken stammen ursprünglich aus dem östlichen Zentralasien. Dieses Gebiet erstreckt sich auf ein Territorium in einem Gürtel vom Altai-Gebirge im Westen bis zum Tienschan im Osten und dem Baikalsee im Norden bis zum Altun im Süden. Dort haben sich die Vorfahren der heutigen Türken vor geraumer Zeit einen idealen Lebensraum geschaffen. Die Religion der frühen Türken Zentralasiens war überwiegend der Schamanismus. Erst im 10. Jahrhundert nahmen die Türken den Islam an. Eine dürre Steppenlandschaft in der heutigen Mongolei und den südöstlichen Regionen Russlands entspricht ungefähr dem Ursprungsgebiet der Turkvölker, die dort zunächst in friedlicher Nachbarschaft zum Reich der Mitte im Osten und zu den Kaukasusvölkern im Westen lebten. Meist zogen die Ur-Türken in kleineren Familienverbänden als Nomaden durch die zentralasiatische Steppe und lebten in Zelten. Ihre Ernährung war karg und auf die Lebensumstände ihrer Umgebung abgestimmt. *Tursu*, in Salzlake eingelegtes und milchsauer vergorenes Gemüse, welches heute noch als typisch türkisches Wintergericht gilt und auch in China und Japan als *oshinko* bekannt ist, sollte die Familien über den strengen Winter bringen, so wie dickflüssige Suppen am Morgen gegen die Kälte des Tages halfen. Joghurt, ein Wort, das übrigens aus dem Türkischen stammt, getrocknetes Fleisch und Tee, das waren die Hauptnahrungsmittel der Ur-Türken. Frisches Fleisch gab es selten, Obst und frisches Gemüse nur in der warmen Jahreszeit.

Der Tagesablauf dieser Menschen bestand vor allem aus der Zucht von Vieh und Pferden. Ihre Sitten und Bräuche glichen denen ihrer Nachbarvölker. Einige dieser «asiatischen» Gepflogenheiten sind sogar heute noch zu erkennen.

Kommt man zum Beispiel in eine türkische Wohnung, so hat man wie in einem Zelt die Schuhe auszuziehen. Man trinkt mit Vorliebe Tee, den man in einer aufwendigen Zeremonie zubereitet. Morgens gibt es *iskembe,* eine traditionelle dickflüssige Suppe aus Schafskutteln. Man isst gemeinsam aus einer Schüssel, der *tepsi*, indem man, im Schneidersitz auf dem Boden hockend, eine runde Tischplatte, die im Türkischen *sofra* genannt wird, auf die Oberschenkel legt. Nach dem Essen wird gerülpst, so wie in anderen asiatischen Kulturen auch. Man schläft auf dünnen, aber festen Matratzen auf dem Boden, ähnlich wie auf einem japanischen Futon. Höflichkeit wird großgeschrieben. Ist man bei jemandem zu Gast und der Gastgeber fragt, ob man etwas essen oder trinken möchte, so hat man mindestens zweimal abzulehnen, bevor das dritte zögerliche Nein als indirektes Ja verstanden werden kann. In Gegenwart von Älteren hat man sich zu erheben, mancherorts beugt man sich sogar zum Handkuss. Oft sagt man Dinge, die man vielleicht gar nicht meint, damit der andere darauf kommt, was man eigentlich wirklich denkt. So kann es schon mal das Gegenteil bedeuten, wenn ein Türke Sie zum Essen einlädt. Vielleicht erwartet er auch, dass Sie ihn einladen, und er weiß keinen anderen Weg, es Ihnen zu sagen.

Der Türke ist also eher mit dem Japaner oder dem Koreaner verwandt als mit dem Araber oder dem Griechen. Auch wenn er durch sein stürmisches Gemüt in vollkommen fremde Kulturkreise eingedrungen ist und damit einen Großteil seiner Sitten und Bräuche nach Europa, Vorderasien, den Nahen Osten und Nordafrika importiert hat, wirkt es nur so, als wäre der Türke adaptionsfähig, denn das genaue Gegenteil ist der Fall: Viele Europäer, Nordafrikaner und Araber haben eher türkische Bräuche und Sitten angenommen, als dass es die Türken geschafft hätten, sich vollständig anzupassen.

Sprachverwandtschaften

Die asiatischen Ursprünge sind auch in anderen Bereichen unverkennbar. Das fängt zunächst bei sprachlichen Verwandtschaften an. Die auffälligste Nähe zur türkischen Sprache, die eine ural-altaische Sprache und somit eine Unterordnung der finnisch-ugrischen Sprachen ist, findet man im Chinesischen, Koreanischen, Japanischen, aber auch im Ungarischen und im Finnischen.

Diese Sprachen sind, ähnlich wie das Türkische, Suffixsprachen, in denen man die Zeit, Person und sonstige Formen durch das Hinzufügen einer Endung bestimmt.

Während man im Deutschen mehrere Sätze braucht, um einen bestimmten Vorgang zu beschreiben, benötigt man im Türkischen nur ein Wort. «Gidemiyecekti» heißt zum Beispiel im Deutschen «Er würde nicht gegangen sein».

«Gidecekti» heißt «Er würde gegangen sein».

Durch das Weglassen des *miye*-Suffixes entfällt also die Verneinung. Im Ungarischen bildet man die Formen in einer ähnlichen Art und Weise. An den Infinitivstamm des Verbs wird das Suffix für die Person und entsprechende Suffixe für Zeiten, Verneinungen und Ortsbestimmungen hinzugefügt, sodass mitunter ellenlange Wortkonstruktionen entstehen, die für Europäer kaum auszusprechen, geschweige denn zu lesen sind. Außerdem gibt es in all diesen Sprachen eine Vokalharmonie, das heißt gleiche Folgen von Vokalen, die dazu führen, dass manch türkische Namen zu Zungenbrechern werden, wie zum Beispiel Günesüzümcügümüslüoglu.

Auch im Japanischen und Koreanischen bildet man so die entsprechende Satz- oder Verbform. Einzelne Buchstaben entscheiden über Anzahl und Bestimmung. «Stotsu shiro wurstu onegashimas» bedeutet zum Beispiel «Ein Stück Weißwurst, bitte», während «Statsu shiro wurstu onegashimas» zwei Stücke Weißwurst bedeutet. Darüber hinaus gibt es Begriffe, die einfach übernommen wurden, wie im Ungarischen das Wort *alma* für Apfel, welches im Türkischen *elma* heißt, oder *kapu* für Tor oder Tür, was im Türkischen *kapi* heißt. Im Chinesischen, Japanischen und Koreanischen sagt man *su* zu Wasser, im Türkischen ebenfalls. *Kara* ist ein altchinesischer Ausdruck für dunkel und bedeutet im Türkischen dasselbe. Es gibt sogar Verwandtschaften der türkischen Sprache mit Aztekensprachen und mittelamerikanischen Dialekten, in denen das Wort für Hügel *tepe* dasselbe wie im Türkischen bedeutet. Man vermutet heute, dass zentralasiatische Völker zu früheren Zeiten bereits über die Beringstraße auf den amerikanischen Kontinent gelangten und sich so ihre kulturellen Einflüsse mit denen der dort lebenden Menschen vermischten. Außerdem ist das Türkische, wie die meisten ostasiatischen Sprachen und Dialekte, eine onomatopoetische Sprache. Die Aussprache bestimmter Begriffe ist also lautmalerisch. *Catapat* bedeutet Knallkörper, *hapsirmak* bedeutet niesen und *horlamak* schnarchen.

Kulturgeschichtliche Aspekte

Mit dem Beginn der türkisch-mongolischen Völkerwanderung um das zweite Jahrtausend n. Chr. in Richtung Westen haben sich auch die Übergänge zwischen den asiatischeuropäischen Kulturen mehr und mehr verschoben, was wiederum auch eine Bedeutung für die Menschen in Mitteleuropa haben sollte. Schon die türkische Sprache und ihr Einfall in das heutige Europa sind ein Nachweis dafür, wie sehr sich die unterschiedlichen Kulturen zwischen Orient und Okzident im Laufe der Jahrhunderte bereits angenähert haben. Und zugleich ist es für manche die Vorstufe einer unsichtbaren Unterwanderung einer vornehmlich christlich geprägten, europäischen Leitkultur, die die türkisch-mongolischen Eroberer angefangen und ihre Nachfolger der türkischen Migrationsbewegung schließlich vollendet haben.

Darüber hinaus haben die Türken auch ihre Essgewohnheiten, ihre Sitten und ihre Kultur importiert, sodass auch hier viele Vermischungen zu finden sind. In manchen Bereichen wie zum Beispiel in der Musikgeschichte sind die Einflüsse besonders signifikant, sodass es sich lohnt, einen genaueren Blick darauf zu werfen.

Die heutige europäische Violine ist ein Instrument, welches man in Zentraleuropa erst seit einigen Jahrhunderten kennt. Ihren Ursprung allerdings hat sie vor mehr als 1500 Jahren in China. Die chinesische *Erhu* wird aus Holz hergestellt, wobei eine Saite mit Schlangenhaut überzogen wird. Der Bogen besteht aus Bambus und ist mit Rosshaar bespannt. Man spielt das Instrument, indem man es auf das Knie stellt und mit dem Bogen über die beiden Saiten streicht. Eine ähnliche Geige heißt auf Türkisch *kemance* und wurde vor allem in der höfischen Musik der Sultane verwendet.

Die Frage, auf welchem Weg dieses Instrument bis nach Zentraleuropa gekommen ist und welche Instrumente zu dieser Zeit noch in jenen Breitengraden existierten, gibt vor allem Aufschluss darüber, wie fragwürdig der Mythos einer überlegenen europäischen Kultur aus dieser Perspektive erscheint. Sie beweist zudem, dass der türkische Einfluss auf die europäische Kultur immens gewesen sein muss. Schaut man sich die primitiven Musikinstrumente der zur gleichen Zeit in Europa lebenden Menschen an, so handelt es sich dabei oft um nicht besonders filigran gefertigte, einfache Trommeln und Flöten.

Auch andere Instrumente wie die südamerikanische *Okarina*, Tasteninstrumente oder Harfen waren in Europa, wo zu dieser Zeit aus scheppernden Kisten, die monophone Akkorde erzeugten, obskure Klänge erschallten, erst wesentlich später gebräuchlich.

Es gab weder Pauken und Becken, welche die Janitscharen – das aus den Waisenkindern unterworfener Gegner zusammengesetzte Eliteheer der Osmanen – auf ihren Feldzügen als Schrittvorgabe und Marschbegleitung nutzten (heute nennt man diese Musik Marschmusik und hält sie für urdeutsch), noch gab es eine *Kithara*, die zunächst in Ägypten, danach in Griechenland und auch in Indien als *Sitar* gezupft wurde und dann zur Gitarre wurde, so wie sich die *Al Ut* durch bloße Umstellung der Buchstaben zur Laute verwandelte. Es gab auch keine Leiern, die man in China entwickelte, und auch keine Schalmeien, ähnlich der türkisch-indischen *Zurna*. All diese Instrumente fanden erst viel später ihren Weg in die zentraleuropäische Kultur und gelten dennoch heute als ein fester Bestandteil derselben. Beethovens Neunte Symphonie ohne Streichinstrumente, Pauken und Becken und Mozarts Klarinettenkonzert von einem Krummhorn gespielt würden wahrscheinlich für leitkulturverwöhnte Ohren heute grauenhaft klingen. Die Vorfahren der Türken haben also schon vor der Ankunft der ersten Gastarbeiter in Deutschland gewaltige Spuren in der europäischen Kultur hinterlassen. Dass diese Einflüsse vor allem bereichernd waren und die heute noch zuweilen grassierende Angst vor Überfremdung vollkommen übertrieben ist, sieht man auch, wenn man die Literatur und die darstellende Kunst betrachtet.

Während im Gebiet des heutigen Deutschland Minnesänger und Barden ihre Lieder zum Besten gaben, zelebrierte man etwa in China zur Blütezeit der Tang-Dynastie (zwischen 600 und 900 n. Chr.) die komplizierte Form der Chinesischen Oper oder später in Japan die Theaterformen Kabuki oder Nō. Und auch in der vorosmanischen, türkischen Kultur gab es hochentwickelte literarische Gattungen und Schriften wie die Diwan-Literatur, das Volksepos «Dede Korkut», das von dem Kampf der Turkstämme gegeneinander und gegen das christliche Oströmische Reich berichtet, oder den «Volksroman» von Seyyid Battal Ghazi, der neben türkischen auch arabische und persische Einflüsse enthält und in märchenhafter Weise Epen aus der Frühgeschichte des Osmanischen Reiches wiedergibt. Viel mehr also als nur Tausendundeine Nacht.

In Deutschland schrieb Walther von der Vogelweide im 13. Jahrhundert seine Minnelieder und Sangsprüche, deren sprachlicher Aufbau heute anmutet wie das Brabbeln von Kleinkindern.

Aber nicht nur in Ostasien blühte die Kultur weit früher als in Europa. Auch im Vorderen Orient, insbesondere in Kleinasien, existierten zu vortürkischen Zeiten Hochkulturen. Griechen und Römer und selbst die aus nationalistisch-türkischer Sicht eher primitiven Hethiter, also die eigentlichen Ureinwohner Kleinasiens, die vor den türkischen Einwanderern auf dem Gebiet der heutigen Türkei lebten, verfügten weit vor Christi Geburt über eine eigene Schriftkultur, die hethitische Steinschrift, deren archäologische Überreste man heute im Staatsmuseum in Ankara betrachten kann. Die nach Westen drängenden Turkstämme hatten sich zunächst also eine denkbar günstige Lage für ihre neue Heimat ausgesucht, denn einerseits brachten sie ihre eigenen Gepflogenheiten mit, und andererseits trafen sie auf zahlreiche vorhandene Einflüsse und Kulturschätze, die sie für ihre Belange nutzen konnten.

Anatolien – sofern man die anatolische Geschichte überhaupt zur türkischen hinzuzählen darf, auch wenn viele Türken seit Atatürk es gerne so hätten – war das frühere Zweistromland, also Mesopotamien, zwischen Euphrat und Tigris. Seit Jahrtausenden schon wurde die Halbinsel zwischen Schwarzem Meer und der Ägäis von Hochkulturen besiedelt, und nicht umsonst gilt die Region als Ursprung der menschlichen Zivilisation. Von der Arche Noah bis hin zum Trojanischen Pferd, von den ersten Pyramiden bis zur Hagia Sophia stammen etliche Kulturschätze aus Anatolien, auch wenn manche sie nur allzu gern als Teil einer christlichen Kulturgeschichte betrachten würden.

So haben sich die Türken mit der Wahl ihrer neuen Heimat in Kleinasien nicht nur eine denkbar geschichtsträchtige Region ausgesucht, vielmehr haben sie sich dazu auch noch genau in der Wiege der westlichen Kultur eingenistet – und das bis zum heutigen Tag. Mit ihrer dauerhaften Präsenz vergrößerten sie vor allem ihren Einfluss auf die europäische Kultur, was zunächst vor allem für die Europäer von großem Vorteil war, solange die Türken in sicherer Entfernung blieben. Aber der Expansionsdrang der osmanischen Heere hatte vor dem zweiten Jahrtausend n. Chr. noch gar nicht begonnen.

Bis zur zweiten und letzten Belagerung Wiens im Jahre 1683 versuchten die Türken, Westeuropa in ihre Hände zu bekommen, und erst 1914 ging mit dem Beginn des Ersten Weltkriegs und dem Zerfall des riesigen Osmanischen Reiches vom Kaukasus bis nach Gibraltar, vom Persischen Golf bis nach Budapest dieser europäisch-türkische (Alb-)Traum vorerst einmal zu Ende. Es ist also nicht einmal hundert Jahre her, dass die Türken bedrohlich nah vor den Toren Westeuropas standen, es gar jahrhundertelang umzingelten. Nicht umsonst ist diese Impertinenz den Europäern schon lange ein Dorn im Auge.

Kleine Küchenphilosophie

Ähnlich groß sind die Einflüsse der türkischen Küche auf europäische Essgewohnheiten, auch wenn die meisten Deutschen wahrscheinlich nur Döner als türkisches Nationalgericht kennen. Tatsächlich spielt dieses orientalische Fastfood in der türkischen Küche eher eine untergeordnete Rolle und wird hauptsächlich auf Straßen verkauft. Die originale türkische Küche ist sehr vielfältig. Sowohl die Zutaten als auch die Zubereitung der Speisen ist sehr aufwendig und ohne die exotischen Gewürze und Gemüsesorten, die man in Deutschland auch heute noch überhaupt nicht kennt oder nur in spezialisierten Läden kaufen kann, kaum vorstellbar.

Viele Deutsche können vielleicht gerade noch einen Hackfleischspieß als typisch türkisches Gericht identifizieren, doch die wenigsten werden wissen, was eine Okraschote ist und wie man sie zubereitet. Alleine schon Paprika, im Türkischen *biber* genannt, gibt es in der türkischen Küche in mehr als zehn unterschiedlichen Sorten. Manche sind spitz *(carlestonbiberi)* und süß, andere grün und scharf *(sivribiber)*. Es gibt kleine Paprika *(tatli biberdolmasi),* die man mit Reis, Pinienkernen und Rosinen füllt und kalt serviert, und es gibt rundliche Paprika *(biberdolmasi)*, die man mit Hackfleisch gefüllt zubereitet.

Die Auswahl der kulinarischen Gerichte, wie wir sie heute in Deutschland kennen, existiert gerade mal seit ein paar Jahrzehnten. Bevor nämlich Christoph Kolumbus seine Entdeckungen aus Amerika in den europäischen Kulturkreis importierte, gab es hier weder Kartoffeln noch Zwiebeln, es gab keine Tomaten und keine Paprika, keinen Knoblauch und keine Auberginen, weder gab es Zucchini noch Brokkoli.

Man kannte weder gegorenen Joghurt als Kefir, den die Inder *Lassi,* die Russen *Kefir* und die Türken *Ayran* nennen, noch gab es gebratenes Fleisch als *Kebab*, in der türkischen Kultur mal als *Sis* gegrillt, mal bei den Indern als *Seekh* serviert oder mit Fladenbrot aus dem *Tandir*, der Lehmkuhle, in der man Brot backte, ähnlich dem indischen *Tandoori*.

Erst Jahrhunderte später, lange nachdem die osmanischen Invasoren abgezogen waren und ihre Spuren in Europa hinterlassen hatten, konnte man in jugoslawischen Restaurants, welche sich in der Regel mit dem Namen «internationale Spezialitäten» tarnten, mal ein *Čevapčići* (zusammengesetzt aus den Worten *kebab* für Fleisch und *sis* für Spieß) bestellen.

Ganz Mitteleuropa ernährte sich zu diesen frühen Zeiten immer noch von Knollen und Beeren. Höchstens gab es hin und wieder mal Weißkohl (den die Ungarn übrigens immer noch *kapusta* und die Türken *kapiska* nennen). Noch nicht einmal eine der ältesten Kulturpflanzen, der Mais, der im Türkischen *misir* heißt und aus dem Gebiet des heutigen Ägypten stammt, welches in der eigenen Landessprache sogar als *Al Misir,* also «Maisland», bezeichnet wird, war in Mitteleuropa bekannt.

Die Nudel hatten die Chinesen schon weit vor den Reisen des Marco Polo entdeckt, und Kaffee wurde zuerst in Äthiopien angebaut, bevor er erst Jahrhunderte später in Europa eingeführt und als verführerisches Getränk der Götter gepriesen wurde.

In vielerlei Hinsicht ist also das, was wir heutzutage fälschlicherweise als europäische Über- oder Leitkultur bezeichnen, ein Mitbringsel aus den Ländern, von deren Emigranten man in Deutschland heutzutage fordert, dass sie sich anpassen sollen, weil man sie nur allzu gern für unterentwickelt erklärt.

Ob es der aus Südamerika stammende Kakao ist oder der ebenfalls von dort kommende Tabak, ob es sich um Tee handelt oder um eine Nase Koks – all diese Dinge wurden Jahrhunderte später, nachdem andere sie entdeckt, kultiviert und zu schätzen gelernt hatten, nach Europa importiert. Heute profitiert der Europäer davon, dass andere dumm genug waren, ihm die Geheimnisse ihrer Kultur zu verraten.

Sowenig also die Klischees über Türken der Realität entsprechen, so stark sind heute die türkischen Einflüsse in deutscher Musik, Literatur und Küche wiederzufinden. Ob als Inspiration oder als Imitation – oft war sogar das, was man heute nicht selten herabsetzend als Migrationskultur bezeichnet, viel mehr Leitkultur als das «typisch» Deutsche.

Inmitten dieses kulturellen Ungleichgewichts zwischen Ost und West steckt also der Türke. Er lebt an der Schnittstelle zwischen seinem bäuerlichen Dasein und zugleich in unmittelbarer Nähe der Kulturen des Ostens und des Westens.

Die deutsch-türkische Geschichte

Lange Zeit gelang es sowohl den Türken als auch den Deutschen, die Vermischung der unterschiedlichen Kulturen und die Nähe des vermeintlich Fremden nicht nur als Bedrohung, sondern auch als Chance zu betrachten. Die deutsch-türkischen Beziehungen lassen sich bis zur Zeit der Kreuzzüge zurückverfolgen. So zog Kaiser Friedrich I. Barbarossa, der sich am Dritten Kreuzzug im 12. Jahrhundert beteiligte, bis ins türkische Konya, und Kaiser Friedrich II. ließ im 13. Jahrhundert die Werke der türkisch-islamischen Philosophen Farazi und Averroes ins Deutsche übersetzen.

Die Beziehungen zwischen dem Osmanischen Reich und den Deutschen gehen auf die Zeit des Sultans Süleyman der Prächtige im 16. Jahrhundert und Karl V. zurück. Der französische König Franz I., der von dem Habsburger Karl V. im Krieg gefangen genommen worden war, wurde dank der erfolgreichen Vermittlung Sultan Süleymans des Prächtigen schließlich wieder freigelassen. In der Folge schickte Karl V. 1554 Ogier Chieslin Busbeck als Gesandten nach Istanbul, der dort 38 Jahre lang lebte. In den Berichten, die er während seiner Zeit als Gesandter nach Hause schickte, sprach er oft von den Tugenden der Türken und betonte, welche wirtschaftlichen und politischen Vorteile beiden Reichen aus freundschaftlichen Beziehungen erwachsen würden. Busbeck trug durch seine Lageberichte dazu bei, dass sich in der deutschen Öffentlichkeit ein Bewusstsein dafür entwickelte, dass die Beziehungen zum Osmanischen Reich durchaus von Nutzen sein könnten.

Im 18. Jahrhundert, unter dem preußischen König Friedrich dem Großen, traten die deutsch-türkischen Beziehungen in eine neue Phase. In jener Zeit wurde im Palasthof des bayrischen Prinzen eine Moschee errichtet. Außerdem schickte man den prominenten Geschichtsschreiber Joseph von Hammer mit dem Auftrag nach Istanbul, ein Buch über die Staatsgeschichte des Osmanischen Reichs zu schreiben. Damals begannen die Preußen, sich mit den Osmanen gegen Österreich zu verbünden. Im Jahre 1761 wurde nach langem Zögern seitens der Osmanen ein Bündnisvertrag zwischen Preußen und dem Osmanischen Reich unterschrieben.

Gegen Ende des 19. Jahrhunderts, unter Sultan Abdulhamid II. und Kaiser Wilhelm II., arbeiteten das Osmanische Reich und Preußen noch enger als zuvor zusammen. Schon seit Beginn des 19. Jahrhunderts hatten sich die Machtverhältnisse in Europa verschoben, und diese Epoche war durch die Expansionspolitik der europäischen Staaten gekennzeichnet, die eine Ausdehnung ihrer Machtsphäre sowohl in als auch außerhalb von Europa anstrebten. Im deutschen

Raum setzte die Industrialisierung später als in den anderen europäischen Staaten ein. Als man auch hier schließlich bemerkte, dass die aufstrebende Industrie dringend Rohstoffe benötigte, bemühte man sich, die bereits bestehenden guten Beziehungen zum Osmanischen Reich zu nutzen und Rohstoffe auch von dort zu importieren.

Auch im Osmanischen Reich war das 19. Jahrhundert ein Jahrhundert des Wandels. Sultan Abdulhamid II. sorgte sich zunehmend um Status und Sicherheit des Osmanischen Reichs und suchte daher die enge Zusammenarbeit mit ausländischen Mächten. Schon als Kronprinz hatte er das Deutsche Reich und die Deutschen kennengelernt. Weil außerdem bekannt war, dass die anderen europäischen Staaten eine imperialistische Politik gegenüber dem Osmanischen Reich verfolgten, bot sich aus dessen Sicht ein Bündnis mit dem Deutschen Reich geradezu an. Vor allem die zweite Reise Kaiser Wilhelms II. in den Nahen Osten 1898 machte den Stellenwert deutlich, den das Osmanische Reich bei den Deutschen genoss.

Jene zweite Reise führte Wilhelm II. in Begleitung eines großen Gefolges zunächst nach Istanbul. Dem deutschen Kaiser ging es bei seinem Besuch vor allem darum, die Unterstützung des Sultans für die deutsche Unternehmerschaft in der Türkei zu gewinnen. Außerdem wollte er es sich nicht nehmen lassen, die von Deutschen erbaute Kirche in Jerusalem zu eröffnen. Eine weitere Station der Reise des Kaisers war Damaskus, wo ihm zu Ehren ein Bankett gegeben wurde. Während des Essens hielt er eine feierliche Ansprache, in der er hervorhob, dass der Sultan, der Kalif von über 300 Millionen Muslimen auf der Welt, sein engster Freund und Verbündeter sei. Die ganze Reise verfehlte ihre Wirkung auf den Kaiser nicht. Denn nicht nur die Staatsgeschäfte standen im Mittelpunkt, sondern auch Gespräche und Begegnungen mit Land und Leuten sowie der Islam. Dabei erfuhr der Kaiser vieles, was sein Bild von dieser Religion positiv beeinflusste.

Nach dem Besuch des Kaisers ermächtigte das Osmanische Reich 1889 deutsche Firmen, den Bahnhof Haydarpaşa, die Fährverbindung zwischen Haydarpaşa und Sirkeci und eine Telegrafenleitung in Köstence-Istanbul zu bauen. 1903 erteilte das Osmanische Reich der Deutschen Bank die Genehmigung zum Bau der Bagdadbahn. Schon 1883 hatte das Osmanische Reich damit begonnen, immer mehr deutsche Finanzquellen anzuzapfen. Abdulhamid II. verfolgte damit das Ziel, England und Frankreich, die ebenfalls über einen sehr großen Einfluss im Osmanischen Reich verfügten, einen starken Konkurrenten entgegenzusetzen. Die Investitionen des Deutschen Reichs im Osmanischen Reich im Bereich Infrastruktur und Finanzen gingen also zu Lasten Englands und Frankreichs, die angesichts dieser Entwicklung natürlich alles andere als begeistert waren. Die Annäherung zwischen Deutschem und Osmanischem Reich brachte aber auch für Russland Nachteile mit sich, dessen Einfluss beschnitten wurde.

Die Zusammenarbeit der beiden Reiche erstreckte sich schon bald auch auf die Bereiche Kultur und Erziehung. Während der konstitutionellen Phasen des Osmanischen Reichs absolvierten die meisten türkischen Offiziere ihre Fachausbildung im Deutschen Reich. Diese Kontakte auf militärischer Ebene rissen auch nicht ab, nachdem Abdulhamid II. seine Macht schließlich abgeben musste. Nicht zuletzt deshalb kämpfte das Osmanische Reich im 1. Weltkrieg an der Seite der Mittelmächte und damit auch aufseiten des Deutschen Reichs.

Der Wirtschaftsvertrag von 1890 stärkte die Position des Deutschen Reichs in Anatolien erneut. Schließlich lösten die Deutschen die Engländer als bedeutendste ausländische Macht im Osmanischen Reich ab. Das Osmanische Reich lieferte vor allem Tabak, Trauben, Teppiche, Nüsse und Opium ins Deutsche Reich und importierte seinerseits von dort hauptsächlich Baumwolltextilien, Patronen, Kugeln, Maschinen, Strümpfe und Gleise. Die wirtschaftlichen Beziehungen schufen die Voraussetzung dafür, dass die Deutschen im Osmanischen Reich eine Bank eröffneten. Sie sollte die Industrie und andere Wirtschaftsunternehmen in der Provinz Syrien unterstützen.

Um die Wirtschaft und den Transport zwischen dem Deutschen Reich und Syrien zu stärken, gründeten die Palästinensisch-Protestantische Gemeinschaft und das Bankhaus von der Heydt in Berlin die Deutsche Palästina Bank in Jerusalem. Später wurden weitere Filialen in Damaskus, Beirut, Tarablus und Hamburg eröffnet.

Eine sehr wichtige Rolle für die Beziehungen zwischen den beiden Reichen und insbesondere beim Bau der Bagdadbahn spielte Heinrich August Meissner Pascha. In späteren Jahren, in der Türkischen Republik, unterrichtete er an der Technischen Fachhochschule Istanbul türkische Studenten und hielt die guten Beziehungen beider Staaten damit auch in der republikanischen Phase aufrecht.

Auf kultureller Ebene unterhielten Deutsche im Osmanischen Reich Schulen, die zum Teil auch offiziell anerkannt waren. In Beirut wurden zwischen 1899 und 1903 neun, in Saloniki zwischen 1899 und 1901 zwei, in Jerusalem zwi schen 1901 und 1903 sechs, in Izmir zwischen 1899 und 1903 fünf und in Istanbul zwischen 1882 und 1903 sechs Schulen eröffnet. Diese Schulen umfassten alle Ebenen: Vorschule, Grundschule, Mittelschule und Gymnasium. Die «Deutsch Schule», die bereits 1868 in Istanbul eingeweiht wurde, existiert sogar noch heute. Auch auf religiöser Ebene waren die Deutschen nicht untätig. Sie gründeten verschiedene Zentren, die im Osmanischen Reich Missionsarbeit leisteten. Abdulhamid II. überließ das Vorrecht, den Schutz des Protestantismus im Osmanischen Reich zu gewährleisten, Kaiser Wilhelm II. Mit diesem Schachzug wollte er den Engländern, die sich ebenfalls um dieses Privileg bemüht hatten, deutlich machen, dass er das Deutsche Reich als stabilisierenden Faktor betrachtete.

Als es 1916 darum ging, das *Darülfünun* (das Haus der Künste) in Istanbul neu zu organisieren, wurden zahlreiche deutsche Wissenschaftler mit dieser Aufgabe betraut. Sozial- und Naturwissenschaften unternahmen den Versuch, das Hochschulwesen in der Türkei zu reformieren, indem sie bei der Übertragung des deutschen Hochschulsystems auf das Osmanische Reich mitwirkten. Auch Mustafa Kemal Atatürk, der Gründer der Türkischen Republik, lud 1933 deutsche Wissenschaftler ein, ihm dabei zu helfen, Reformen in den Universitäten zu realisieren. Damit setzte er ein Zeichen und unterstrich, dass die historischen deutsch-türkischen Beziehungen auch nach dem 1. Weltkrieg weitergeführt werden sollten.

Die Beziehungen Deutschlands und der Türkei, die schon seit Jahrhunderten auf politischer, wirtschaftlicher, kultureller, bildungspolitischer und persönlicher Ebene bestehen, wurden seit dem 2. Weltkrieg immer weiter intensiviert.

Erst als sich die Türken erneut in Richtung Westen auf-machten, um dort als Gastarbeiter eingesetzt zu werden, entstand eine neue Dimension der Problematik zwischen Deutschen und Türken.

Auf nach Europa

Was aber hat die Türken immer wieder dazu bewogen, ih-ren ursprünglichen Lebensraum zu verlassen, um sich in die Ungewissheit aufzumachen? Was trieb dieses Volk immer wieder in die Fremde, wo es mit den Ressentiments derer konfrontiert wurde, die befürchteten, von dunklen Mächten vereinnahmt zu werden? War es Langeweile oder Neugier, war es Platzangst oder Raummangel? War es dieselbe Hoff-nung auf Reichtum und Wohlstand, der die Türken heute dazu veranlasst, an das goldene Zeitalter zu glauben, das beginnt, wenn die Türkei endlich EU-Mitglied wird? Oder ist der Eroberungswille nur ein aus früheren Zeiten übrig-gebliebener urtürkischer Reflex? Und wird es vielleicht zu einer ähnlichen Enttäuschung kommen, wenn man am Ende merkt, dass das, was man sich unter Europa vorgestellt hat, nur eine Luftblase war? Nichts anderes als ein Haufen von Vorschriften, eine Ordnung für das Chaos und die Orientie-rungslosigkeit, mit der die Türken dort, wo sie waren, doch von jeher schon so gut lebten und es daher kannten. Wird man eines Tages vielleicht auch noch feststellen müssen, dass man immer noch so wenig willkommen ist wie einst die türkischen Heerscharen vor den Toren Wiens? Und wie wird man mit dieser neuerlichen Frustration umgehen?

In der Tat war es schon immer so, dass der Selbsteinschätzung der Türken eine deutliche Aversion der Europäer entgegenstand. Während viele Türken vor allem in der Türkei auch heute noch glauben, dass man sie mit offenen Armen empfängt, und die Naivität türkischer Politiker in den Verhandlungen zum EU-Beitritt an Gutgläubigkeit kaum zu überbieten ist, denken in Deutschland viele Menschen, der Beitritt der Türkei in die EU sei der Untergang des Abendlands. Ganz unberechtigt ist diese Angst nicht, wenn man sich einmal das Deutschlandbild der Türken noch vor wenigen Jahren anschaut.

Tatsächlich gab es vor allem für die Türkeitürken lange Zeit genug Anlass, ihrer Heimat den Rücken zu kehren. Die marode türkische Wirtschaft, eine hohe Inflationsrate, kaum Arbeitsplätze in dichtbesiedelten Großstädten, dazu eine andauernde Landflucht sowie katastrophale soziale Verhältnisse und kaum Absicherung durch den Staat führten dazu, dass immer mehr Menschen den Weg in Richtung Westen antraten, um dort ihr Glück zu versuchen. Ist ihnen das zu verdenken?

Während wir immer reicher werden und uns in teure Markenklamotten hüllen, die andere billig für uns herstellen, während wir nicht entscheiden können, ob wir zur nächsten All-you-can-eat Party gehen oder lieber an einem Burger-Wettessen teilnehmen, geht es anderen Menschen auf dieser Welt immer noch sehr schlecht.

Für die Türken war Europa der Kontinent des Fortschritts und der materiellen Sicherheit und Deutschland das gelobte Land, in dem Milch und Honig fließen, die Straßen marmorverkleidet sind und jeder zu jeder Zeit alles haben kann. Das Gras ist eben immer grüner auf der anderen Seite.

Dieser Irrglaube war auch unter meinen Verwandten weit verbreitet. Schon als Kind musste ich mit meinen Verwandten, die uns aus der Türkei besuchten, durch die Geschäfte und Boutiquen laufen, um dort um kostbare Statussymbole zu feilschen. Ein goldbestickter Gürtel von Aigner, eine Hose von Armani, eine Armbanduhr von Rolex, ein T-Shirt von Lacoste oder eine Unterhose von Schiesser. Das über Jahre gesparte Geld wurde in Marken investiert, die deutlich machten, dass man schon mit einem Fuß den Kontinent überquert hatte. Und es war eine Art unsichtbarer Adelstitel, wenn man eine dieser Waren besaß.

Selbst wenn man nicht das nötige Geld hatte, um persönlich nach Europa zu fliegen, fand man Wege, sich beliefern zu lassen; es gab ja schließlich Verwandte, die dort seit den sechziger Jahren arbeiteten und lebten und einmal im Jahr in die Türkei zurückkehrten, um Urlaub zu machen.

So wurden die Forderungen der in der Türkei lebenden Tanten und Onkel an uns immer dreister und ihre Wunschlisten immer länger. Und wenn wir in die Türkei in den Urlaub fuhren, konnte das nicht geschehen, ohne dass uns die Verwandten ellenlange Bestelllisten mit vermeintlichen Luxusartikeln schickten. Zehn Tafeln Alpenmilch-Schokolade, zehn Tafeln Nuss, fünf Zartbitter und drei Mandelsplitter. Natürlich musste es die teure Schokolade aus der Schweiz sein. Dazu zwei Stangen Marlboro und zwei Stangen Camel Filter, zwei Flaschen Johnny Walker und drei Flaschen Gordon's Dry Gin. Außerdem einen Stapel Unterhosen und zwei Packungen Duschgel von Adidas, eine Tube Haarcreme von L'Oréal und diverse andere Kosmetikartikel. Klopapier, ein Tippkickset, Mausefallen, Haartrockner, Toaster, Stifte und Socken. Sogar Kondome wurden bestellt, die waren angeblich besser verarbeitet und reißfester. Hinzu kamen sinnlose Knabbereien wie Kartoffelchips mit Paprikageschmack bis zu Nagelfeilen, Gebisshaftcremes und AEG-Kühlschränken.

Obwohl die Türkei in den Erzählungen unserer Tanten und Onkel immer als ein Land gerühmt wurde, in dem es alles zu kaufen gab, mussten wir auf unseren Reisen in die Heimat all diese Dinge mitbringen und dafür den berüchtigten Dachgepäckträger des Autos bepacken. Wenn wir die Verwandten aber dann einmal darauf ansprachen, weshalb sie sich denn diese Waren nicht auch in der Türkei besorgen konnten und dazu auch noch viel günstiger und ohne den Aufwand und die Mühe, die wir damit hatten, wurden wir des Geizes bezichtigt und mit Verachtung gestraft.

Dabei waren die meisten dieser Artikel wahrscheinlich sogar in der Türkei hergestellt und erst in Deutschland zu Luxusartikeln veredelt worden.

Ob es die T-Shirts von Lacoste sind oder der Fernseher von Grundig: Es ist schon längst kein Geheimnis mehr, dass auch heute noch viele Textilien und Elektroartikel aus Kostengründen in der Türkei gefertigt werden. Und so merkten wir nicht, dass wir mit unseren bestellten Geschenken eine vollkommen absurde Rundreise durch Europa veranstalteten, und karrten das Zeug, zum Teil unter Lebensgefahr, quer durch den ehemaligen Ostblock. Und das alles nur, damit unsere Verwandten sich damit auf der nächsten Party rühmen konnten, einen kostbaren Gegenstand aus Europa zu besitzen, den sie vom Augenblick der Besitznahme wie ihren Augapfel hüteten.

Mein Onkel trug seine T-Shirts fast dreißig Jahre lang und machte damit wahrscheinlich den längsten Feldversuch in der Geschichte der Textilindustrie. Er trug sie so lange, bis sie ihm schließlich zu klein waren und sich in ihre Bestandteile auflösten, und rühmte dann trotzdem die Qualität der Waren, so als hätte er Ahnung davon.

Meine Tante offerierte ihren Nachbarn stolz, natürlich nur zu besonders festlichen Tagen, ihre vor zwei Sommern angeblich teuer erstandenen französischen Edelpralinés, auch Mon Chéri genannt. Sie holte sie aus einer Glasvitrine hervor und drapierte sie in einer kitschigen Schüssel, die wir ihr im vergangenen Jahr aus Brüssel mitgebracht hatten, und kümmerte sich nicht darum, dass die Schokolade schon längst ungenießbar geworden und die Kirsche darin zu einem kleinen Klumpen Restalkohol mutiert war. Hauptsache Deutschland.

Sogar das, was man nicht ausschließlich in Deutschland, sondern auch in der Türkei bestellen konnte, war in der Vorstellung meiner in der Türkei lebenden Verwandten ein heiliger Gral. Kinofilme, Schallplatten, Sportvereine, Waffen und Wetter: Sofern es irgendetwas mit Deutschland zu tun hatte, war es mehr wert als alles andere, was man in der Türkei kaufen konnte.

Meine Cousins schwärmten sogar von den großen blonden deutschen Mädchen, die angeblich alle feste Hintern und riesige Brüste hatten, so wie die Kühe, die sie auf den Bildern von deutschen Bauernhöfen gesehen hatten. Sie wussten nicht, dass es auch in Deutschland solche und solche gab und diese sich oft genauso schwer überreden ließen wie jedes türkische Mädchen, und sie konnten sich einfach nicht vorstellen, dass die deutsche Freizügigkeit nur ein Märchen war. Und so wie die in Deutschland lebenden Menschen ein verzerrtes Abbild der türkischen Realität als

Grundlage ihrer Vorurteile mit sich tragen, so war es auch sinnlos, meinen Cousins zu erklären, dass sie sich in ihren Vorstellungen irrten.

Mittlerweile aber hat sich die Situation grundlegend geändert. In Zeiten der Globalisierung braucht man als Türkeitürke nicht mehr drei Tage lang mit dem Auto nach Deutschland zu reisen, um seine Einkäufe zu machen, und man muss auch nicht jahrelang für ein Flugticket sparen, sowie man als Deutschtürke auch nicht mehr in die Türkei fahren muss, um seinen Bedarf an heimatlichen Waren zu decken.

Es gibt mittlerweile in jeder deutschen Stadt mindestens einen türkischen Lebensmittelmarkt, in dem man seine Oliven und seinen Schafskäse kaufen kann, und durch das Internet ist man als Türkeitürke von der Bestellung seiner Lieblingsmarken auch nur noch einen Klick entfernt. Und auch das nötige Kleingeld fehlt den Türken nicht mehr, so wie noch vor wenigen Jahren. Während nicht wenige Deutschtürken von Gastarbeitern zu Unternehmern geworden sind, die ihre Doppelkultur zur Basis eines bilateralen Handelsverkehrs zwischen Deutschland und der Türkei gemacht haben, haben die Türkeitürken schon längst keinen Anreiz mehr, ihre Heimat zu verlassen. Die Türkei rangiert mit ihrem Wirtschaftswachstum heute weit oben unter den aufstrebenden Beitrittskandidaten zur EU-Mitgliedschaft. Die Inflation ist nahezu gestoppt, und auch den Menschen geht es viel besser als noch vor wenigen Jahren. Auf dem Weg zur EU-Mitgliedschaft hat sich die Türkei heimlich zum Wirtschaftsmotor einer ganzen Region gemausert, sich im Inneren wie im Äußeren enorm verändert und große Fortschritte sowohl im wirtschaftlichen wie auch im politischen Bereich gemacht. Warum also Angst vor Türken haben?

Die Geschichte der Gastarbeiter ist zudem auch ein Teil der deutschen Geschichte geworden, und wer sie nicht kennt oder nicht kennen will, der verweigert sich einem Stück deutscher Realität. Wer so tut, als gäbe es einen Anspruch darauf, nationale Identität durch Geburt und Herkunft zu erlangen, der sieht nicht, dass wir schon lange in einer Welt leben, in der sich die Grenzen verwischt haben und zum Teil überhaupt nicht mehr existieren. Sturer Nationalismus ist nicht mehr als ein anachronistischer Fetisch geblieben, den sich nur diejenigen leisten, denen es sonst an eigenständiger und originärer kultureller Identität mangelt. Deshalb ist es auch nicht hinzunehmen, dass sich Politiker etablierter Parteien regelmäßig in den Kanon derer einreihen, die schärfere Gesetze gegen Zuwanderung fordern oder den hier lebenden Ausländern unterstellen, dass sie nicht integrationswillig seien, und somit bewusst Vorurteile fördern, um Wahlen zu gewinnen.

Dennoch haben immer noch viele Menschen in Europa Angst vor einer Invasion der Türken. Dass diese Angst nicht ganz unberechtigt und zum großen Teil auch selbst verursacht ist, zeigt die Entwicklung der Ausländerpolitik der letzten dreißig Jahre sehr deutlich.

Als die ersten türkischen Gastarbeiter nach Deutschland kamen, wurden sie mit offenen Armen empfangen. Deutschland war Ende der fünfziger Jahre ein durch Weltkriege und nationalsozialistische Tyrannei geschundenes Land im Wiederaufbau. Mit dem Wirtschaftswunder der Bundesrepublik wurden immer mehr Arbeitnehmer gesucht, die auf dem inländischen Markt nicht mehr zu finden waren. Und so schloss die Bundesrepublik am 20. Dezember 1955 mit Italien das erste Anwerbeabkommen ab. Es folgten Abkommen mit Griechenland und Spanien (1960), der Türkei (1961), Marokko (1963), Portugal (1964), Tunesien (1965) und dem ehemaligen Jugoslawien (1968).

Als mit dem Mauerbau der Zustrom von ostdeutschen Arbeitskräften endete, war die Anwerbung außerhalb Deutschlands noch dringlicher geworden. So wenig jedoch, wie die einreisenden Ausländer wussten, was sie in Deutschland erwarten würde, so wenig wussten die Deutschen, welche fremden Einflüsse auf sie zukamen.

Die meisten dieser jungen Gastarbeiter kamen direkt aus Anatolien. Für sie muss es wie ein Schock gewesen sein, zum ersten Mal nach Deutschland zu kommen. Viele von ihnen hatten weder eine Schulbildung, noch hatten sie einen Beruf gelernt. In der Regel wurden die Männer auf der Straße angeworben und nach ein paar medizinischen Tests nach Europa geschickt. Dabei gingen weder die einladenden Länder noch die Gäste davon aus, dass es ein langer Aufenthalt werden würde. Ein paar Monate, um etwas Geld zu verdienen und die Kasse aufzubessern, höchstens ein Jahr – das waren die Zeitspannen, in denen man dachte, und deshalb ließ man nicht einen Großteil seiner Familie, sondern auch seine Gedanken, Träume und Sehnsüchte in der Türkei. Während man tagsüber schuftete, zum Teil unter Bedingungen, die menschenunwürdig waren, blieb man abends im Gastarbeiterheim unter sich und träumte weiter von einer baldigen Rückkehr in seine Heimat. In Wirklichkeit aber war diese Rückkehr für viele schon längst zur Utopie geworden und die Sehnsucht zur Gewohnheit. So, wie sich der Deutsche immer noch gern in die Zeiten zurücksehnt, in denen es hier angeblich rein deutsch zuging – obwohl sich wahrscheinlich keiner von denen, die ein solches Deutschland wünschen, vorzustellen vermag, wie arm an Kultur dieses Land dann wäre.

Vielleicht war diese Zweiteilung der Lebensrealität in der Arbeit und der Traumwelt im Privaten auch nur ein Schutz vor der seltsamen und überaus fremden Welt, in die man eingedrungen war. Deutschland war dunkler und kälter als die Türkei. Die Menschen schienen verschlossener und unfreundlicher. Die Sprache klang undefinierbar fremd, und die Bräuche waren vollkommen anders. Die Deutschen waren wie Außerirdische, obwohl man selbst aus dem Nichts gekommen war. Dabei hatten sie wahrscheinlich nur dieselbe Angst vor den Fremden wie diese vor ihnen.

Je länger die Türken aber in Deutschland blieben, desto weiter rückten ihre Träume in die Ferne, desto mehr mussten sie sich mit der neuen Welt arrangieren.

Ein Arrangement blieb es tatsächlich lange Zeit, ohne dass es ein Problem gegeben hätte. Also lernte man ein paar Brocken Deutsch und lief auch schon einmal durch die Innenstadt, um sich die Auslagen der Geschäfte anzuschauen. Deutsche Bekanntschaften hatte man nicht. Es brauchte keine Annäherung, solange man immer noch davon ausging, dass der Aufenthalt ein vorübergehender war.

Auch die Deutschen ahnten zu dieser Zeit noch nicht, wie lange die eingereisten Arbeiter in Deutschland bleiben würden. Deshalb nannte man diese Menschen zunächst auch Gastarbeiter und betonte dabei stets das «Gast». Erst später wurden sie zu Ausländern, dann zu Migranten und schließlich zu Deutschen türkischer Herkunft.

Es war eine seltsame Zweckehe auf unbestimmte Zeit, die man schloss, ohne zu wissen, welche Vorzüge und Nachteile sie mit sich bringt. Und sie ist bis heute für manche eine Zwangsheirat geblieben. Sowenig der Deutsche sich an die Einflüsse des Fremden gewöhnt hat, so sehr weigert sich sein türkisches Gegenüber, seine eigene Kultur aufzugeben.

Der entscheidende Schritt für eine dauerhafte Sesshaftigkeit und damit auch der Beginn einer Verschmelzung beider Kulturen kam erst mit der nächsten Generation der in Deutschland geborenen Einwandererkinder, die keine andere Realität als die deutsche kannten und vor allem nur noch durch die fast übertrieben leidenschaftlichen Erzählungen ihrer Eltern einen Bezug zur Türkei hatten.

Diese Kinder kannten keine Berührungsängste mehr zur deutschen Kultur ihrer Gastgeber. Sie schlossen Freundschaften mit Deutschen oder anderen Einwandererkindern, sie lernten zunächst Deutsch und dann erst Türkisch und fühlten sich in Deutschland mehr zu Hause, als sie es in der Türkei jemals tun würden – während die Eltern immer noch an eine Rückkehr glaubten und auch die Deutschen insgeheim darauf hofften.

Beide merkten jedoch nicht, wie groß die wechselseitigen Einflüsse schon waren.

Auch wenn die Mehrheit der Deutschen den Türken gegenüber tolerant und aufgeschlossen ist und nur wenige diesem guten Ruf schaden, indem sie ihre Sehnsucht nach einem reinen Deutschland mit ihrer Erinnerung an das Deutsche Reich verbinden, bleibt dennoch ein großer Rest Ewiggestriger, deren Parolen wie ein Schlag ins Gesicht all derer sein müssen, die sich für ein friedliches Zusammenleben beider Völker einsetzen.

Die Deutschtürken und die Türkei

Ist es nicht mehr als bezeichnend, dass selbst die deutsche Bundeskanzlerin Angela Merkel bei ihrem Türkeibesuch vor einiger Zeit auf der europäischen Seite des Bosporus stand und fragte, wo denn dieses Anatolien sei, von dem alle sprechen, statt einfach auf die andere Seite zu schauen und Anatolien ins Gesicht zu blicken?

Es wäre zu einfach, nur den Deutschen oder nur den Türken die Schuld in die Schuhe zu schieben. Sicher gibt es gerade bei den Deutschen, die vieles fordern, aber wenig leisten, einiges an Bildungslücken aufzuarbeiten, und es wäre der gegenseitigen Verständigung zuträglicher, den Tatsachen endlich ins Auge zu blicken und ein versöhnliches Zeichen für eine gemeinsame Aufarbeitung der gemachten Fehler zu senden, statt ewig mit Eigenheiten zu kokettieren und mit Ausgrenzung und Sanktionierung zu drohen. Aber das wäre nur ein Teil der nachzuholenden Integrationsarbeit. Denn so wenig, wie sich die Deutschen für die Türken in Deutschland interessiert haben, so wenig hat sich vor allen Dingen auch die Türkei in den vergangenen Jahren um ihre im Ausland lebenden Landsleute gekümmert.

Für die Deutschen waren wir zunächst Gastarbeiter, die nicht lange bleiben wollten und sollten, dann wurden wir Ausländer, die nicht gehen wollten und später nicht mehr konnten, dann wurden wir Migranten, die man nicht mehr loswerden konnte, und jetzt sind wir zum größten Teil Deutsche zweiter Klasse, die man duldet.

Für die Türkei waren die in Deutschland lebenden Türken lange Zeit vor allem Arbeitsvolk, das Devisen brachte. Wir waren keine vollwertigen Staatsbürger, denen man etwas Missionarisches oder Völkerverständigendes auf den Weg gegeben hatte. Schon gar nicht ging man davon aus, dass die Deutschtürken wiederkehren und Positives wie eine fundierte Ausbildung, die Kenntnis einer fremden Kultur oder Eindrücke aus einer anderen Welt mitbringen würden – alles Dinge, die der Türkei eigentlich nützlich sein könnten.

Vor allem waren wir keine Stellvertreter und schon gar nicht Botschafter einer anderen Kultur, die man gegen falsche Vorurteile in Schutz nahm – wir blieben dieselben Nomaden, die wir schon immer gewesen sind. Irgendwo verloren auf der Durchreise von der Heimat in die Fremde.

Wie sehr hätten die Deutschen von der Kraft der eingewanderten jungen Männer und der Intelligenz ihrer Kinder profitieren können. Statt heute von guten und schlechten Ausländern zu sprechen und qualifizierte Fachkräfte ins Land holen zu wollen, hätte man sie sich im eigenen Land heranziehen können.

Wie sehr aber hätte auch der türkische Staat doch auf uns Gastarbeiter stolz sein können, auf den Mut der ersten Gastarbeitergeneration und die kulturelle Vielfalt der nachfolgenden Kinder und Kindeskinder.

Wie sehr hätte sie anerkennen müssen, dass wir in der Fremde unseren eigenen Weg suchten, manchmal auch durch die Fremde unseren Heimweg fanden, auf strapaziösen Odysseen unser Leben aufs Spiel setzten für eine Sehnsucht, die uns niemand abnehmen wollte. Und wie selten hat uns diese Türkei gefördert, statt ständig von uns zu fordern.

Die Vaterlandspflichten der Deutschtürken

Vor allem am Beispiel der Wehrpflicht, die jeder türkische Staatsbürger bis zu seinem Lebensende zu leisten hat, wird dieser Umstand besonders deutlich. Man kann in der Türkei bis zum heutigen Tage nicht den Wehrdienst verweigern. Die einzige Möglichkeit, die man als in Deutschland lebender türkischer Staatsbürger hat, ist, eine verkürzte Wehrzeit gegen Zahlung von derzeit (Stand 2008) 10 000 Euro zu leisten. Dann kommt man in eine Art Bootcamp für Deutschtürken, wo man unter seinesgleichen einen einmonatigen Alibiwehrdienst leistet und die Grundlagen des Soldatenlebens lernt. Schießen, Waffe halten, gehorchen und lustige Kasernenspielchen. Allerdings handelt es sich bei diesen Unterrichtseinheiten eher um eine oberflächliche Einführung in militärische Abläufe und Gepflogenheiten als um eine tatsächliche Ausbildung. Wie sollte man diese auch schon in der kurzen Zeit vermitteln? Es geht also eher um einen symbolischen Dienst als um eine tatsächliche Heranführung an das Soldatenleben. Hat man dann diese vaterländische Pflicht schließlich erfolgreich absolviert, erhält man dafür weder Dank noch Lob, man bekommt auch keine Urkunde oder eine Auszeichnung, sondern wird wieder zurück nach Deutschland geschickt, wo man neue Devisen für den nächsten Heimaturlaub verdient.

Selbst für diesen unterschwelligen Tritt in den Aller-wertesten müsste man eigentlich dankbar sein. Denn noch vor wenigen Jahrzehnten, beispielsweise Ende der fünfziger Jahre, in der mein Vater Wehrdienst geleistet hat, dauerte dieses ganze Prozedere noch vierundzwanzig Monate, und die Bedingungen, unter denen die jungen Männer ihren Dienst absolvierten, waren weitaus schlechter. Prügelstra-fen und drastische Maßnahmen gehörten zum Alltag der Rekruten, und Heimatbesuche und eine Kontaktaufnahme zu Verwandten waren ein Tabu. Zum Glück gehören diese unmöglichen Zustände mittlerweile der Vergangenheit an. Auch als Folge eines Demokratisierungsprozesses im Zuge der Annäherung an die Europäische Union spielt die Ein-haltung der Menschenrechte in der Türkei eine immer grö-ßer werdende Rolle. Dennoch gibt es auch hier noch einiges an Aufarbeitung zu leisten.

Während der türkische Wehrdienst also lange Zeit für den türkischen Staat ein gute Gelegenheit war, an die De-visen der in Europa lebenden Landsleute zu kommen, und die Deutschtürken den Aufenthalt in der Heimat zwar wi-derwillig, aber letztlich demütig in Kauf nahmen, hat sich auch die Kluft zwischen Türkeitürken und Deutschtürken dermaßen vergrößert, dass in diesen Ausbildungslagern nicht selten zwei vollkommen unterschiedliche Welten und konträre ideologische Haltungen aufeinandertreffen. Gerade die Zwiespältigkeit dieser Situation zwischen den türkischen Militärs und den aus Deutschland kommenden Zwangsdienstleistenden bietet einen seltsamen Neben-schauplatz für unterschwellige Ressentiments und Aver-sionen. Exemplarisch fordern die Militärs von den aus Deutschland eingereisten Übergangssoldaten in einem Monat linientreues Benehmen und prüfen somit zugleich die Landsleute auf ihre innere Festigkeit im Bekenntnis zur säkularen türkischen Nation. Für einen angeblich strenggläubigen Muslim muss es wiederum wie ein Schlag ins Gesicht sein, wenn sein Vorgesetzter ihn auffordert, seinen Bart abzurasieren, so wie es sich im strengen anatolischen Winter zwischen Nachtwache und Schießübungen auch nur unter großem Aufwand fasten, geschweige denn fünfmal am Tag beten lässt. Erstaunlich ist dabei vor allem aber der Wandel der Haltung der aus Deutschland kommenden Türken und die ideologischen Differenzen zwischen ihnen und ihren Vorgesetzten.

Die türkischen Militärs sind traditionell-kemalistisch und betrachten sich als Hüter einer laizistischen Türkei, in der Religion und Staat voneinander getrennt sind, während die aus Deutschland einreisenden Türken neuerdings eher muslimisch und tendenziell antikemalistisch sind. Sie sehen im türkischen Militär ohnehin eine Bedrohung für ihre in Deutschland selbstverständliche Glaubensfreiheit. Die Einschränkung ihrer Glaubensausübung in der Zeit ihres Dienstes empfinden sie als Gängelung. In Fragen der Vermischung von Staat und Religion ist die Türkei (noch) wesentlich rigider als Deutschland. Noch immer sind Kopftücher in öffentlichen Gebäuden in der Türkei verboten, während sich in Deutschland eine türkische Lehrerin vor Gericht ihr Recht auf ein Kopftuch erstreiten kann. Die Gratwanderung, die der türkische Ministerpräsident Erdogan, auch mit Hilfe seiner in Deutschland lebenden Landsleute wagt, indem er Minarette zu Bajonetten erklärt und den muslimischen Glauben zur einzigen Antwort auf eine angebliche Degeneration der westlichen Kultur macht, ist ein willkommenes Vehikel für Extremismus und mittlerweile auch für die Türkei ein heikler Tanz auf einem Vulkan.

So profitiert der türkische Staat zwar einerseits immer noch von den materiellen Eingaben der Deutschtürken, während er seine Landsleute im Ausland kaum unterstützt – beispielsweise durch Förder- oder Austauschprogramme. Einen wesentlichen Beitrag zur Integration seiner Staatsbürger, sei es in die deutsche oder aber auch türkische Gesellschaft, leistet er jedoch nicht. Das Resultat ist, dass die Deutschtürken eine zweite Entwurzelung erfahren, und ihre Reaktion darauf ist die Flucht in die Extreme. So wissen mittlerweile weder die Türkeitürken in diesem heiklen Annäherungsprozess, wo sie ihre Landsleute einordnen können, noch hat der türkische Staat jemals ein ernsthaftes Interesse daran gezeigt, seine im Ausland lebenden Bürger innerlich an die Türkei zu binden.

Und auch im zwischenmenschlichen Bereich verhält es sich ähnlich. Türkeitürken und Deutschtürken sind in dieser stiefgeschwisterlichen Konstellation hin und her gerissen und rümpfen nicht selten die Nase über die eigenartigen Angewohnheiten ihrer Landsleute. Die Ideale haben sich im Laufe der Jahre diametral voneinander entfernt. Früher brachten die Deutschtürken Luxusgüter aus Europa mit nach Hause und waren allein schon deshalb willkommen. Heute kann sich der Türkeitürke seinen Luxus selbst leisten und auf andere Dinge stolz sein als auf ein Geschenk aus dem Westen. Kommt dabei der Türkeitürke dem Deutschtürken allein schon durch seine geschwollene Sprache arrogant vor, so findet der Türkeitürke den Deutschtürken ungehobelt und rüpelhaft. Viele Deutschtürken der dritten und vierten Gastarbeitergeneration sprechen sehr schlecht

Türkisch und sind sofort an ihren holprigen Akzenten und der antiquierten Ausdrucksweise zu identifizieren. Je länger sie in Deutschland leben, desto weiter entfernen sie sich von der türkischen Realität. Während der Türkeitürke versucht, möglichst modern zu sein, bewahrt sich der Deutschtürke mit Mühe und Not sein türkisches Erbe.

In den Sommermonaten, wenn die großen Ströme der aus Deutschland einreisenden Gastarbeiter die Flughäfen der türkischen Großstädte belagern, sieht man diese Kluft zwischen Türkeitürken und Deutschtürken am deutlichsten. In schicke Zweiteiler gekleidetes Flughafenpersonal rümpft bei der Ankunft der Ferienjets die Nase über den bunten Farben- und Stoffmix der Kopftucharmadas.

Die Entwurzelung der Deutschtürken hat also ihre Ursachen nicht nur im falschen Umgang der Deutschen mit ihren Gastarbeitern, sondern ist auch das Ergebnis eines versäumten Dialogs zwischen der Türkei und ihrer im Ausland lebenden Landsleute.

Die Europafrage

Der EU-Beitritt der Türkei wird immer wieder gern genutzt, um Angst zu schüren. Gibt man dem Türken den kleinen Assoziationsfinger, so will er gleich die ganze Beitrittshand. Aber auch das stimmt nicht, denn den Türken wird seit mehr als vierzig Jahren versprochen, dass sie eines Tages Mitglied der EU werden würden. Es besteht sogar seit 1966 ein Assoziationsabkommen zwischen der Europäischen Union und der Türkei, in dem als ausdrückliches Ziel der

Beitritt der Türkei genannt wird. Immer wieder haben die wechselnden Regierungen in Europa dieses Thema zum Mittelpunkt ihrer parteitaktischen Argumentationen gemacht, ihre Versprechen gebrochen und gegen einen Beitritt der Türkei polemisiert. Sogar Polen, das zu Zeiten des Kalten Krieges besonders von der liberalen Außenpolitik der Türkei profitiert hat und eigentlich allein schon aus einer historischen Verpflichtung heraus Befürworter eines Beitritts sein müsste, schloss sich, kaum war es selbst EU-Mitglied, dieser antitürkischen Panikmache an und stimmte vehement gegen eine Mitgliedschaft der Türkei, während ehemalige Ostblockstaaten wie Rumänien, Bulgarien oder die baltischen Staaten mit offenen Armen aufgenommen wurden, obwohl ihre Entwicklung in den letzten Jahren berechtigten Zweifel daran lässt, dass dort wirkliche Demokratien entstanden sind.

Mittlerweile wurde die Europäische Union dermaßen erweitert, dass es tatsächlich aus türkischer und europäischer Sicht schon keinen Sinn mehr macht, die Türkei aufzunehmen. Dennoch hat man durch die undurchsichtige und verlogene Türkeipolitik in Europa die Menschen in der Türkei verprellt und sie in die Arme der Fundamentalisten getrieben und die in Europa lebenden Türken lange Zeit ausgenutzt, ohne sie wirklich anzuerkennen.

Dieser kapitale Fehler im Umgang mit den vor allem in Deutschland lebenden Türken wird in den letzten Jahren, besonders seitdem die islamisch-fundamentalistische AKP unter Premierminister Tayyip Erdogan an der Macht ist, zunehmend revidiert, denn aus der ideologischen Unbedarftheit der in Europa lebenden türkischen Gastarbeiterschicht ist eine unberechenbare Kraft geworden, die sich nicht zuletzt auch die türkische Regierung geschickt zunutze machen möchte. Aus den ehemals anonymen Gastarbeitern, die gekommen waren, um schnellstmöglich Geld zu verdienen und dann wieder in die Heimat zurückzukehren, sind spannende Charaktere und erfolgreiche Unternehmer, Politiker und Künstler geworden, die mit ihrer Arbeit eher zur wirtschaftlich-künstlerischen Bereicherung der deutschen als der türkischen Gesellschaft beitragen. Für sie ist eine Rückkehr in die Türkei nahezu unvorstellbar geworden. Viele haben sich in ihrer deutsch-türkischen Doppelidentität schon längst gefunden und fühlen sich in Deutschland heimischer als in der Türkei. Damit wendet sich die bisher als selbstverständlich vorausgesetzte Treue der Türken zu ihrer türkischen Heimat ins Gegenteil, und die Deutschtürken fangen an, der Türkei im wahrsten Sinne des Wortes fremdzugehen. Vielleicht auch deshalb werden die Bemühungen der türkischen Politik um die Gunst ihrer verlorengegangenen Landsleute in letzter Zeit immer intensiver. Zum ersten Mal gibt eine türkische Regierung ihren in Europa lebenden Staatsbürgern das Gefühl, sich um sie zu kümmern.

Der türkische Ministerpräsident Erdogan kommt zum Staatsbesuch nach Deutschland, sonst eher eine Formalität auf höchster politischer Ebene, und hält in der ausverkauften Kölnarena eine fanatische Rede zum Thema Assimilation und Integration, die in den darauffolgenden Tagen und Wochen die deutsche Öffentlichkeit nicht zur Ruhe kommen lässt. Schließlich gibt Erdogan seinen größtenteils ehemaligen Landsleuten ganz ungeniert in ihrer Muttersprache Anweisungen zur Wahrung ihrer kulturellen Identität in der Fremde und versichert ihnen, dass der türkische Staat ein strenges Auge auf den Umgang der Deutschen mit ihren türkischen Nachbarn wirft. Gleichzeitig tut er so, als wäre die türkische Regierung schon immer ein glühender Interessenvertreter der Deutschtürken gewesen, und streut damit Sand in die Augen seiner Kritiker.

Und nicht nur zu besonderen Anlässen bemüht sich die Türkei seit neuestem um ihre Landsleute. Anders als nach den Anschlägen in Solingen 1993 und Mölln 1992, bei denen zwei türkische Familien den Flammen eines von Neonazis gelegten Brandes zum Opfer fielen, reist neuerdings die höchste Schicht türkischer Politiker zum Protestbesuch an, wenn auch nur der Verdacht einer rechtsradikalen Tat besteht, wie zuletzt 2006 bei einem Hausbrand in Ludwigshafen. Dabei wird stets so getan, als seien die in Deutschland lebenden Türken einer unterschwelligen Hetzkampagne ausgeliefert, und nur der türkische Staat könne sie davor in Schutz nehmen. Die Tatsachen sprechen jedoch schon längst eine andere Sprache. Auch wenn gelegentlich in Deutschland immer noch, besonders zu Wahlkampfzeiten, das ewige Thema Integration bemüht wird, vor allem um Wählerstimmen aus dem rechten Spektrum zu fangen, und dieses Spiel mit dem Feuer nicht nur unverantwortlich, sondern auch gefährlich ist, sind die Zahlen rechtsradikaler Taten relativ gesehen seit längerem rückläufig – und nicht immer richtet sich rechte Gewalt gegen Türken. Der offen gezeigten Türkenfeindlichkeit der vergangenen Jahrzehnte ist eine Ohnmacht im Versuch der gegenseitigen Annäherung und des Verständnisses gefolgt. Die aus dieser Lähmung resultierende Stagnation im Verhältnis beider Völker ist ein gefundenes Fressen für Wortverführer und Demagogen.

Während die türkische Regierung also in Deutschland versucht, Stimmung gegen Deutschland zu machen, erweitert sie zugleich die Mitbestimmungsmöglichkeiten der Türken in ihrer Heimat, denn trotz Einbürgerung und deutscher Staatsbürgerschaft betrachtet die Türkei ihre im Ausland lebenden Menschen weiterhin als ihr Eigentum. Sie unterwandert dabei sogar bewusst die derzeitige Gesetzeslage in Deutschland, indem sie ihre Landsleute nicht endgültig aus der türkischen Staatsbürgerschaft entlässt, sondern lediglich beurlaubt, also jederzeit eine Rückkehr möglich macht und damit eine doppelte Staatsbürgerschaft in Kauf nimmt. Durch diesen offensichtlichen Missbrauch ist sie nicht nur maßgeblich an der Entstehung von Diskussionen über Sinn und Unsinn der doppelten Staatsbürgerschaft beteiligt, sie schadet damit vor allem auch den eigenen Leuten, die eine doppelte Staatsbürgerschaft nicht nur aus Eigennutz behalten, sondern auch, weil sie sich als Kind einer deutschen Mutter und eines türkischen Vaters nicht für eine Nationalität entscheiden können und wollen.

Die Gründe für die Vorgehensweise der türkischen Regierung sind leicht zu durchschauen. Es geht darum, das enorme Potential an Wählerstimmen abzufangen und für ihre eigenen Zwecke zu nutzen. Nachdem man lange Jahre als in Deutschland lebender Türke seinen Wahlzettel weder durch Briefwahl noch durch Anwesenheit in der Türkei abgeben konnte, können die in Europa lebenden Türken heute sogar an den Geschehnissen in ihrer Heimat teilnehmen, indem sie in Deutschland ihre Stimme zur türkischen Parlamentswahl abgeben. Die AKP subventionierte im Wahlkampf 2003 sogar die Flugtickets der aus Europa anreisenden Wähler. Die neuerdings so Umworbenen danken es der AKP mit Stimmzuwächsen im zweistelligen Bereich. Vor allem aus Deutschland kommen die meisten Gewinne, denn hier leben nicht nur die meisten Türken außerhalb der Türkei; es sind vor allem die aus Ostanatolien gekommenen Türken, die man mit diesen volkstümelnden Kampagnen mobilisiert, die Türken der unteren Bildungsschicht, die man mit Versprechungen und Umgarnungen gewinnen kann, während sich aufgeschlossene Türken der Stimmabgabe enthalten und so nicht die säkularen Kräfte in der Türkei unterstützen. Dass diese neue Entwicklung vor allem einen Bruch mit der Tradition der türkischen Arbeiterbewegung darstellt, ist den wenigsten Menschen in Deutschland bekannt, denn lange Zeit galten besonders die in Europa lebenden Türken als ausgesprochen linksorientiert.

Gerade das beharrliche Blockieren einer wirklichen Integration vor allem durch konservative Kräfte in Deutschland hat dazu beigetragen, dass nicht die republikanischen, sondern die separatistischen Kräfte in der Türkei gestärkt und gefördert wurden. Das führt dazu, dass neben der Bedrohung durch den fundamentalisierten Islam auch die Gefahr besteht, dass die Türkei ihre Bemühungen um eine Anerkennung als Teil Europas einstellt. Damit verpasst man zugleich auch die einmalige Chance, die Türkei als Brückenmacht zwischen Ost und West, als gleichwertigen Dialogpartner in eine affektfreie Diskussion um christlich-islamische Werte einzubinden. Man gäbe so den Menschen eine andere Alternative, statt ihren Trotz zu fördern. Die deutsche Gesellschaft hat es vor allem versäumt, die Türken einzuladen, an einer neuen deutschen Realität zu partizipieren, sie jahrzehntelang immer wieder ausgegrenzt und vertröstet und sie damit letztendlich den religiösen Rattenfängern in die Arme getrieben. Viele Türken fühlen sich von der deutschen Politik betrogen und suchen sich mittlerweile ihre eigenen Wege, um von den Errungenschaften und dem Wohlstand des Westens zu profitieren.

Der Verwirklichung ihres Ziels, vollwertiger Teil Europas zu werden, sind die Türken trotz aller Hartnäckigkeit nicht näher gekommen, und sie sind durch die andauernde Abweisung empfindlich geworden. Ewig werden sie sich die Tür nicht vor der Nase zuschlagen lassen. Und während Polen, Rumänien und Bulgarien schon längst gut genug sind, um als gewachsene Demokratien anerkannt zu werden, und auch die Vorbehalte in der deutschen Bevölkerung gegen diese Länder stetig geringer werden, wird den Türken nach wie vor vorgeworfen, dass ihr Engagement für Demokratie und Menschenrechte für einen Beitritt nicht ausreiche. Damit wird ein Szenario entworfen, in dem ein Beitritt der Türkei zum Untergang der abendländischen Kultur und der Invasion Europas führt.

So beißt sich die Katze in den Schwanz. Je mehr Europa indirekt die Macht der Mullahs fördert, in der Hoffnung, sie weiterhin an der langen Leine halten zu können, desto mehr Gründe schafft es sich zugleich für eine Ablehnung der Türkei. Je mehr Europa das Zerrbild einer Extremtürkei am Leben erhält, desto weniger erfüllt die Türkei ihre Ziele, Teil eines aufgeschlossenen und fortschrittlichen Europas zu sein, weil sie vor allem auch den Forderungen der innertürkischen Patrioten gerecht werden muss, denen es übel aufsteigt, dass man die Errungenschaften jahrelanger Europapolitik Stück für Stück für ein unsichtbares Ziel verschachert.

Ein langer Weg zur Demokratie

Wie aber steht es heute tatsächlich um die Demokratiebemühungen in der Türkei? Wie steht es um Menschenrechtsfragen? Was ist der wahre Hintergrund der Kurdenproblematik, und warum tut sich die Türkei auch heute noch so schwer damit, die Armenienfrage zu thematisieren? Hat sich das Land vom Erbe Mustafa Kemal Atatürks befreien können, oder ist dieses Erbe immer noch die einzig richtige Antwort auf das prekäre Ungleichgewicht zwischen den unterschiedlichen ethnisch-religiösen Gruppen, mit dem die Türkei seit 1923 zurechtkommen muss?

Die Türkei ist seit ihrer Gründung durch Mustafa Kemal Atatürk durch unterschiedliche Perioden politischer Wechsel gegangen. Dabei hat sie, anders als es zunächst scheint, jedoch die Linie der stetigen Entwicklung zur Demokratie nur selten verlassen. Und wenn, dann war es stets das türkische Militär, das der anwachsenden Korruption und Konzeptlosigkeit der regierenden Machthaber Einhalt gebieten wollte und putschte.

Die türkischen Streitkräfte sehen sich als Hüter der Demokratie und des Kemalismus und haben sich schon zweimal an die Macht geputscht, um politische Krisen zu beenden – 1960 und 1980 (1971 wurde außerdem die Regierung Demirel zum Rücktritt gezwungen). Der Ablauf beider Putsche ist relativ identisch; das Militär blieb wenige Jahre an der Macht und gab sie nach einer Verfassungsreform wieder an eine Zivilregierung ab. Die Zielrichtung des Militärs war jedoch bei den zwei Putschen unterschiedlich. Der Staatsstreich im Mai 1960 wurde von eher links orientierten Offizieren mittleren Ranges getragen und führte zu einer demokratischeren Verfassung. Der Putsch im September 1980 kam aus der Generalität und dem rechten Lager und führte zu einer repressiveren Verfassung. Das letzte Mal führte die Intervention des Militärs 1997 zum Rücktritt der Regierung von Necmettin Erbakan und seiner Refah Partisi. Allerdings lief dieser letzte Umsturz immerhin völlig ohne Waffengewalt ab. So putschte sich das Militär insgesamt also dreimal an die Macht, um innenpolitische Krisen zu beenden. Besonders der letzte Putsch im Jahre 1980 und die Machtübernahme durch General Kenan Evren und die nach siebenjährigem Ausnahmezustand ausgerufene neue türkische Verfassung unter dem von westlicher Seite installierten Präsidenten Turgut Özal führten paradoxerweise dazu, dass die heutigen unüberschaubaren politischen Verhältnisse in der Türkei entstehen und die weitere Entwicklung dieses Zustandes zum europäischen Dauerproblem werden konnten. Abgesehen davon stellte sie den Parteivorsitzenden der Nationalen Heilspartei (MSP) und späteren Ministerpräsidenten Necmettin Erbakan durch seine Inhaftierung und ein zehnjähriges Politikverbot erneut in die Position eines Märtyrers, nachdem seine Partei der Nationalen Ordnung bereits 1971 schon einmal verboten worden war. Als dieses Verbot schließlich durch ein Referendum vorzeitig beendet wurde und Erbakan mit der neugegründeten Wohlfahrtspartei (RP), der Vorgängerin der heutigen AKP, zur Wahl antrat, ging niemand davon aus, dass es für ihn eine Chance geben würde, in das Rampenlicht der türkischen Politik zurückzukehren.

Das Wahlsystem in der Türkei ist ein kombiniertes Verhältnis- und Mehrheitswahlrecht. Wie in vielen anderen europäischen Ländern existiert auch im türkischen Wahlrecht eine Sperrklausel. Allerdings handelt es sich dabei mit zehn Prozent um die höchste Sperrklausel in Europa. Erhält eine Partei landesweit weniger als zehn Prozent der abgegebenen Stimmen, werden diese Stimmen auf nationaler Ebene nicht berücksichtigt. Davon betroffen sind vor allem die Parteien, die die kurdische Minderheit im Osten und Südosten der Türkei ansprechen. Somit können auch keine Direktkandidaten gewählt werden, deren Partei unterhalb der Sperrklausel abschneidet. Ausgenommen sind jedoch unabhängige Kandidaten, die ohne Rückhalt einer Partei oder einer Liste antreten. Von den 550 Parlamentsmandaten wird jeweils eines an jede der 81 türkischen Provinzen vergeben. Der Kandidat mit den meisten Stimmen wird für seine Provinz direkt ins Parlament gewählt, vorausgesetzt, seine Partei überspringt die 10-Prozent-Hürde. Die restlichen Mandate werden je nach Einwohnerzahl der Provinzen verteilt. Für ausscheidende Abgeordnete gibt es kein Nachrückverfahren. Sind mehr als fünf Prozent – derzeit 28 – der Abgeordneten ausgeschieden, werden deren Mandate durch Nachwahlen neu vergeben. Die neue Verfassung sieht also, im Gegensatz zu der vorherigen, die Mustafa Kemal Atatürk im Jahre 1924 entworfen hatte, kein gewöhnliches Mehrheitswahlrecht mehr vor, sondern ein proportioniertes Verhältniswahlrecht, bei dem nur die Anzahl der Mehrheitsstimmen gewertet und die Stimmen der Parteien, welche die 10-Prozent-Hürde nicht überschreiten, den stärksten Fraktionen und größten Provinzen zugerechnet werden.

Was Özal und dem Westen nutzen sollte, wurde kaum zehn Jahre später zum Steigbügel für die religiösen Fundamentalisten unter Erbakan und damit zum Albtraum der türkischen Nationalisten. 1996 wurde Erbakan als erster bekennender Islamist zum türkischen Ministerpräsidenten gewählt. Die damit beginnende, schleichende Unterwanderung des Atatürk'schen Laizismus hatte aber noch längst nicht ihren Höhepunkt erreicht.

Erst die Wahl der gemäßigten Islamisten unter Tayyip Erdogan zum Ministerpräsidenten im Jahr 2003 und seine Wiederwahl im Jahr 2007 machen deutlich, wie sehr sich die Änderung der türkischen Verfassung zugunsten der religiösen Fundamentalisten nutzen ließ. Bei den Parlamentswahlen im Jahre 2002 schafften DYP, MHP, ANAP und DSP aufgrund der 10-Prozent-Hürde den Einzug ins Parlament nicht. Das schlechte Abschneiden der an der Regierungskoalition von 1999 bis 2002 beteiligten Parteien DSP, ANAP und MHP lag vor allem in der schweren Wirtschaftskrise begründet, die die Türkei 2001 in eine tiefe Rezession stürzte und viele Bevölkerungsgruppen in die Armut trieb. Die AKP mit ihrem Vorsitzenden Tayyip Erdogan ging aus diesen Wahlen als klarer Sieger hervor und errang die Mehrheit der Parlamentssitze. Die neugegründete AKP kam auf Anhieb auf 34,4 Prozent der abgegebenen Stimmen. Obwohl sie nur ein Drittel der Stimmen auf sich vereinigen konnte, kam sie, weil viele andere Parteien an der 10-Prozent-Hürde scheiterten, auf fast drei Viertel der Parlamentssitze (für Verfassungsänderungen wird eine Dreiviertelmehrheit benötigt). Bei den vorgezogenen Neuwahlen im Jahr 2007 erhielt Erdogans AKP sogar 46,6 Prozent der Stimmen.

Hinzu kommt, dass mit der grotesken Wahl Abdullah Güls zum Staatspräsidenten im Jahre 2007 eine weitere Schlüsselposition der türkischen Politik durch einen als Demokraten getarnten Fundamentalisten besetzt wurde und somit die AKP ihrem Ziel, eine stabile und islamorientierte Basis in der Türkei zu etablieren, einen wichtigen Schritt weiter kam.

Vor allem hält sie die Achse aus Militär und parlamentarischer Opposition in Schach: Das Militär kann diesem Treiben entweder nur hilflos zusehen oder durch einen weiteren Putsch riskieren, sich gegen die Mehrheit des eigenen Volkes zu richten. Die Opposition ist zu schwach, um sich parlamentarisch gegen die AKP zu wehren. Auch der große Anteil der laizistischen Türken, die im Frühjahr des Jahres 2007 auf die Straße gingen, um gegen die drohende Machtübernahme durch die AKP zu kämpfen, hat daher mittlerweile resigniert und ergibt sich ihrem Schicksal. Sosehr allerdings diese Entwicklung die säkulare Ausrichtung der Türkei gefährdet, so sehr kommt sie ihr andererseits auch zugute. Denn gerade im Umgang der türkischen Gesellschaft mit der religiös-konservativen Regierung um Erdogan liegt auch ein wichtiger Indikator für den Fortschritt der türkischen Demokratiebemühungen. So wie die Türken ihr Vertrauen in Europa verloren haben, so fordert auch Europa ständig aufs Neue Beweise für einen Fortschritt der türkischen Demokratiebemühungen.

Zu dieser innenpolitischen Reizlage kommt hinzu, dass immer wieder die Frage danach gestellt wird, wie die heutige Türkei mit ihren ethnischen Minderheiten in Vergangenheit und Gegenwart umgeht. Dabei wird in Deutschland hauptsächlich die Kurden- und Armenierfrage genannt. In Wirklichkeit geht es den Europäern nicht um Demokratie, um die Unterstützung einer armenischen Minderheit oder um den Freiheitskampf der Kurden. Um dieses Anliegen glaubwürdig zu vertreten, hätte man schließlich lange genug

Zeit gehabt. Ist es zudem nicht seltsam, dass die Debatten um Demokratie und korrekte Aufarbeitung der türkischen Geschichte immer nur dann auftauchen, wenn Verhandlungen zum Beitritt der Türkei in die EU bevorstehen? Ist es nicht ebenso verlogen, wenn man den in der Türkei lebenden Minderheiten falsche Hoffnungen macht, indem man ihnen vorgaukelt, sie im Kampf um eine Unabhängigkeit zu unterstützen, dann aber gemeinsame Sache mit der türkischen Regierung macht, wenn es um die Erweiterung wirtschaftlicher Beziehungen geht? Wer interessiert sich schon wirklich für die Kurdenfrage? Und wenn, warum erst seit zwanzig Jahren? Das Kurdenproblem der Türkei ist mehr als achtzig Jahre alt. Wer wusste noch vor zehn Jahren, dass es in der Türkei überhaupt eine armenische Minderheit gibt, wenn es sie noch gibt? Wer konnte vorher Sunniten von Alewiten unterscheiden?

Viele Deutsche sprechen ihre türkischen Freunde vorwurfsvoll auf all diese Fragen an, die sie vorher nicht interessiert haben. Auch sie werden von einer Presse beeinflusst, die Meldungen dann in Umlauf bringt, wenn es einer antitürkischen Kampagne nützt oder man Meinung gegen oder für etwas machen will. Oft wird dabei sogar der «Völkermord» an den Armeniern dem Holocaust gleichgesetzt. Fragt man aber, worum es in diesen Konflikten wirklich geht, so erhält man selten eine fundierte Antwort. Wie auch? Über jedes dieser Themen könnte man ein ganzes Buch schreiben. Fest steht: Obwohl auch die wenigsten Deutschen nicht wissen, welche Ursachen und Auswirkungen diese Konflikte haben, werden diese Themen immer wieder dann auf die Tagesordnung gesetzt, wenn es darum geht, der Türkei ihre Demokratiefähigkeit und ihr Bekenntnis zu völkerrechtlichen

Menschenrechtskonventionen abzusprechen. Viele Türken spüren dabei, dass sich die Deutschen in Wirklichkeit weniger für die Einhaltung der Menschenrechte in der Türkei interessieren, sondern nur ein plausibles Argument gegen den EU-Beitritt der Türkei suchen. Deshalb offenbaren diese Debatten nicht selten eine haarsträubende Unkenntnis und Desinteresse an den tatsächlichen Ursachen. Sie werden zumeist auch sehr undifferenziert geführt und so zum Instrument für eine angstgesteuerte Diskussion um Gefahren und Risiken eines türkischen EU-Beitritts gemacht.

Ob also die militärischen Operationen der türkischen Regierung oder aber die Aktionen der PKK als Terrorismus zu beurteilen sind, ob man den «Völkermord» der Türken an den Armeniern mit dem Holocaust gleichsetzen kann, ohne dabei Gefahr zu laufen, pauschal zu argumentieren, kann man nur wissen, wenn man die Fakten dazu eingehend studiert hat. Jedenfalls tut man durch diese oberflächliche Herangehensweise und Gleichsetzung historischer Tatsachen weder den Armeniern noch den Kurden, Juden oder Türken und schon gar nicht den Deutschen einen Gefallen.

Dass nicht nur die undifferenzierte Betrachtung der Türkei aus deutscher Sicht, sondern auch die Komplexität dieser Vorgänge in der Türkei früher oder später Auswirkungen auf Deutschland haben würden, war den meisten nicht klar. Nur zu gerne haben wir daran geglaubt, dass diese Konflikte an unserer Wohlstandsinsel vorbeiziehen würden und wir von ihren Auswirkungen verschont blieben. Mittlerweile stehen sie vor unserer Haustür; manche wollen es immer noch nicht wahrhaben und halten stur dagegen, dass es doch ihr gutes Recht sei, in Frieden und Freiheit zu leben, während andere für ein wenig mehr Freiheit und Frieden ihr Leben lassen.

Was also müssen wir ändern? Können wir überhaupt etwas ändern? Haben die Konflikte der Türkei wirklich etwas mit uns zu tun? Haben wir sie mit verursacht, sind wir mitverantwortlich, gar schuld an ihnen? Und was hat das alles mit dem Zusammenleben von Türken und Deutschen zu tun? Spielt es überhaupt eine Rolle, ob Türken und Deutsche zusammenleben? Kann man an der Türkeifrage sogar die Haltung der Deutschen exemplarisch überprüfen? Ist der Umgang der Deutschen mit ihren türkischen Einwanderern ein Indikator für eine erfolgreiche Aufarbeitung der deutschen Geschichte? Und ist zugleich die Vision eines Deutschlands als Einwanderungsland eine logische Konsequenz aus den Versäumnissen der Nachkriegsjahre?

Viel mehr noch: Müssen die Deutschen ein für alle Mal von der engstirnigen Idee der Überlegenheit einer übergeordneten Leitkultur ablassen? Ist sie in diesem Zusammenhang nichts anderes als die Umformulierung einer imperialistischen Arroganz?

Indem man sich darum bemüht zu verstehen, weshalb heute Menschen nach Deutschland kommen, indem man dieses Land nicht nur für diejenigen öffnet, die nützlich sein könnten, sondern auch für alle, die unsere Hilfe in Anspruch nehmen wollen, verliert man vielleicht auch die Angst vor Überfremdung und Asylantenflut.

Während es also vor allem den xenophoben Deutschen manchmal an fundierter Kenntnis fehlt, um ihre unterschwelligen Ressentiments gegen Türken zu begründen, gibt es auch bei den Türken untereinander Vorurteile und mangelnde Kommunikation, die ein gegenseitiges Verständnis behindern. Dieser fehlende innertürkische Dialog verhindert vor allem eine natürliche Selbstregulierung und trägt maßgeblich zum Integrationsdilemma der in Deutschland lebenden Türken bei.

Die meisten Türken sprechen schlicht und einfach nicht mehr miteinander. Blieb man in den sechziger Jahren als türkischer Gastarbeiter aufgrund mangelnder Sprachkenntnisse noch unter sich und war so gezwungen, eine Zweckgemeinschaft zu bilden, vor allem dann, wenn man am Leben in der Fremde und seiner Sehnsucht nach der Heimat nicht verzweifeln wollte, so ist heute die türkische Gesellschaft in Deutschland schon längst keine Einheit mehr. Die Türkei der ersten Gastarbeitergeneration war noch ganz und gar die Türkei Atatürks mit klaren Profilen und scharfen Kanten. Die Anhänger dieser Idee haben es zumindest geschafft, ein Land zu einen, das seinen Platz an der Seite Europas gefunden zu haben schien, ohne dabei seine nationalstaatliche und kulturelle Autonomie aufgeben zu müssen. Die Türkei war vor allem in den sechziger Jahren weitaus europäischer, als sie heute scheint. Die türkische Gesellschaft war homogener, als sie es heute ist. Die Perspektiven waren weitaus vielversprechender, als sie es heute sind.

Aber Atatürks Vision von einer einheitlichen Türkei mit einem harmonischen Nebeneinander von Religion und

Staat ist unvollendet geblieben, und sie wird immer brüchiger. Mit jedem Schritt in Richtung der antirepublikanischen Kräfte in und außerhalb der Türkei verliert man auch Stück für Stück den Einfluss auf die weitere Entwicklung.

Vor allem jedoch ist es verheerend, die Probleme der heutigen Türkei und ihrer in Deutschland lebenden Menschen mit den Antworten eines längst wirkungslos gewordenen Konzepts einer Türkei der Vergangenheit lösen zu wollen. Insofern ist Atatürks Vermächtnis auch zu einem Ballast geworden, den sich niemand abzuwerfen traut, weil das Damoklesschwert des Vaterlandsverrats darüber schwebt.

Auch das ist ein großes Dilemma. Weder greifen die Lösungen der Vergangenheit, noch existieren Ideen für eine moderne Türkei. Die derzeitige Entwicklung gibt Anlass zur Sorge, und es fehlt dringend eine zeitgemäße Antwort darauf. Diese zu geben heißt aber vor allem, nach Lösungen zu suchen, die innerhalb der türkischen Gesellschaft liegen könnten, statt auf das Wunder eines baldigen EU-Beitritts zu hoffen. Eine Lösung kann also nur von den Türken selbst kommen. Denn Europa hat im Umgang mit den Türken schon längst versagt.

Mit der bisherigen Türkeipolitik Europas ist es vor allem gelungen, die türkische Nation zu spalten, unterschwellige ethnische Konflikte zu erzeugen und zu fördern und gleichzeitig die Türkei an der kurzen Leine zu halten und mit immer neuen Forderungen für einen EU-Beitritt zu ködern. Daraus ist paradoxerweise genau das entstanden, wovor man heute Angst hat: eine nach allen Seiten unberechenbare Entwicklung.

Die Forderungen sind dabei nur mangelhafte Mittel zu einem unbekannten Zweck und klingen in den meisten

Fällen aus westlicher Sicht plausibel, geht es dabei doch um Menschenrechte und Demokratie. Vor allem die Medien nutzen dabei geschickt ihre Einflussmöglichkeiten und berichten zum Teil tendenziös, um Stimmung gegen eine Invasion der Türken oder eine Schwächung des europäischen Wirtschaftsraums durch eine übermächtige Türkei zu machen.

Und tatsächlich ist heute eine große Mehrheit der Europäer gegen einen Beitritt der Türkei in die EU. Fragt man aber die Menschen einmal danach, weshalb sie dagegen sind, so hört man immer wieder die gleichen Argumente. Die Gründe reichen dabei von der Angst vor unkontrollierbarer Einwanderung bis hin zum Aspekt der kulturell-religiösen Unvereinbarkeiten.

Dabei verbergen sich hinter diesen scheinbar vernünftigen Argumenten kaum haltbare Vorurteile. Der Türke sei kein Europäer. Der Türke sei kein Demokrat. Der Türke sei ein grauer Wolf im Schafskäsepelz. Der Türke sei nicht belehrbar und unberechenbar. Der Türke mache sich schnell breit und bringe seine buckelige Verwandtschaft mit. Er vermehre sich in Windeseile, und plötzlich habe man einen Taubenschlag voller schwarzhaariger Osmanen im eigenen Haus.

Dabei leben zwischen Sarajewo und Skopje vor allem Muslime und zwischen London und Graz wahrscheinlich mehr Hindus als Katholiken. Dabei sind Rumänien und Bulgarien erst seit viel kürzerer Zeit (wenn überhaupt) Demokratien; in Polen wird wahrscheinlich mehr geklaut und in Dublin mehr gevögelt. Die größte Kirche des Christentums steht in Istanbul, Noahs Arche ist am Fuß des Berges Ararat in Ostanatolien begraben, und Troja liegt in

Kleinasien. Die großen Kulturschätze Europas liegen auf türkischem Boden – und die Türkei soll dennoch nicht zu Europa gehören?

AN DER BASIS:
TÜRKISCH-DEUTSCHER ALLTAG

Starten wir also nun, nachdem wir etwas über die Geschichte, Herkunft und Gegenwart der nach Deutschland
eingewanderten Türken erfahren und ein wenig Wissen
über die geschichtlichen und politischen Hintergründe des
deutsch-türkischen Verhältnisses vermittelt haben, einen
kleinen Kurs zum Umgang mit Türken und einem besseren
Verständnis ihrer Eigenarten und Angewohnheiten.

Einige goldene Regeln im Umgang mit Türken

Vielleicht hilft Ihnen die folgende «Gebrauchsanleitung»
dabei, Türken besser zu verstehen. Fangen wir mit der wichtigsten Regel an: Glauben Sie dem Türken nichts! Er wird
immer wieder versuchen, Sie in seine Rollenspiele mit einzubeziehen. Mal wird er Angehöriger einer verfolgten Minderheit sein, mal hat er das Kopftuch für sich entdeckt. Die
einzige Möglichkeit, die Ihnen bleibt, wenn Sie mit einer
solchen Behauptung konfrontiert werden, ist, es besser zu
wissen als der Türke selbst.

Lernen Sie also lieber, was Döner auf Kurdisch heißt, statt kurdischen Döner zu bestellen, denn nicht jeder, der behauptet, ein Kurde zu sein, kann Kurdisch sprechen. Informieren Sie sich gründlich über die Armenienfrage, bevor Sie sie mit anderen Genoziden gleichsetzen – vor allem nicht, um Ihre eigene Schuld zu relativieren –, denn nicht jeder, der Armenien in Schutz nimmt, weiß wirklich, wo Armenien liegt. Fragen Sie den Lazaren, ob er Lazarisch spricht, und fordern Sie den Tschetschenen auf, seine Nationalhymne vorzusingen, bevor er Ihnen versichert, dass er sie nicht mehr singen darf, denn nicht jede Minderheit in der Türkei wird verfolgt.

Viele Dinge werden behauptet, ohne dass man nachvollziehen kann, ob sie richtig sind oder nicht. Manchmal werden Behauptungen aufgestellt, um anderen zu schaden, manchmal verbreiten sie sich, ohne dass jemand überprüft, was daran wahr ist und was nicht.

Behauptet zum Beispiel ein türkisches Mädchen, sie fühle sich neuerdings freier, wenn sie ein Kopftuch trägt, dann ist das eine glatte Lüge. Man wird als Frau in der Türkei nicht mit einem Kopftuch geboren. Das Kopftuch ist ein Symbol der Unterdrückung und kein typisch türkisches Kleidungsstück. Nicht umsonst haben die Tanten, Mütter und Großmütter der Mädchen, die heute das Kopftuch zu einem Bollwerk gegen die Dekadenz des Westens stilisieren und es damit zu einem hässlichen Symbol eines neuen islamischen Selbstbewusstseins machen, jahrelang dafür gekämpft, kein Kopftuch mehr tragen zu müssen. Vor allem aber gilt: Kopftücher haben nichts mit Türkei zu tun, sondern nur etwas mit Religion!

Heute kommen diese pubertierenden Mädchen, die in

Deutschland aufgewachsen und sozialisiert wurden und in der Regel kein Wort Türkisch oder Arabisch, dafür umso besser Deutsch sprechen, zu Ihnen und versuchen Ihnen zu erklären, dass sie ein Kopftuch brauchen, um sich gegen die gierigen Blicke der Männer schützen zu können.

Denkt man jedoch darüber in Ruhe nach, so ist die Antwort einfach und die Lüge leicht zu entlarven. Glauben diese Frauen und Mädchen wirklich, Männer werden erregt, wenn sie die Haare von Frauen sehen? Nein! Wenn überhaupt, dann müssten es die Haare unterhalb des Hüftäquators sein. Und da hilft kein Kopftuch. Das Kopftuch macht also in dieser Hinsicht keinen Sinn. Weder schützt es vor männlicher Anzüglichkeit, noch sieht es gut aus. Komischerweise tragen diese Frauen dann wiederum vollkommen unbedacht Accessoires wie Nagellack und hochhackige Schuhe, auf die Männer in der Regel schon eher stehen. Aber auch die Widersprüchlichkeit des eigenen Verhaltens scheint diese Frauen scheinbar nicht zu interessieren.

Und wer hat diese seltsamen Gesetze gemacht? Doch nicht etwa die Frauen selbst. Die würden einen Teufel tun, sich dieses Symbol der Unterdrückung freiwillig um den Kopf zu binden. Ein Mann hat es angeblich erfunden – Mohammed der Prophet soll es gewesen sein. Weil er Angst vor seinen eigenen Gedanken hatte? Schließlich war er kein Kostverächter. Mohammed soll sogar mit einer Neunjährigen verheiratet gewesen sein.

Vorsicht! Vielleicht denken Sie, während Sie diese Zeilen lesen: «Oh, was mache ich, wenn mich jetzt ein strenggläubiger Muslim bei meiner Lektüre entdeckt? Werde ich dann geköpft oder aufgeschlitzt? Werde ich wie seinerzeit Salman Rushdie mein Leben lang nur noch unter Polizeischutz spazieren gehen können, weil ich es gewagt habe, öffentlich den Propheten zu kritisieren?» Keine Sorge, Sie sind es ja nicht, der dies schreibt – ich spreche das aus, was Sie sich wahrscheinlich nicht zu denken trauen. Niemand wird es Ihnen übelnehmen, dass Sie Ihren eigenen Vorurteilen aufgesessen sind und die einzigen Bilder, die Ihnen zum Thema «Islamkritik und ihre Folgen» einfallen, Horrorszenarien sind. Islamkritik muss in einer aufgeschlossenen Welt erlaubt sein, ohne dass man gleich mit dem Tode bedroht wird. Auch Muslime wissen, dass man von der Toleranz der anderen nur dann profitieren kann, wenn man selbst tolerant ist – auch wenn Muslime nur schwer Kritik vertragen. So gefährlich, wie es vor allem aus Sensationslust von der Presse häufig dargestellt wird, ist es in Wirklichkeit selten, es sei denn, man fördert solche Hysterien ganz bewusst, um sie später für eigene Zwecke zu nutzen.

Vor allem angeblich türkische Leser sind in letzter Zeit mehr als empört, wenn sie irgendwo hören und lesen, dass «ihr» Prophet, «ihre» Religion in den Schmutz gezogen werden. Dabei sind sie es in der Regel selbst, die ihren vermeintlich so friedlichen Glauben diskreditieren, indem sie sich Zottelbärte wachsen lassen und inmitten einer christlich geprägten Zivilisation versuchen, ein streng muslimisches Leben unter dem Deckmantel der Tolerierung religiöser Minderheiten zu etablieren, obwohl es jedem klar sein dürfte, dass es für einen strenggläubigen Muslim gerade in Deutschland schwer sein dürfte, nicht mit der Sünde konfrontiert zu werden und seine Glaubensrichtlinien aufrechtzuerhalten. Und so verlagert sich dieser absurde Weltverbesserungsanspruch schließlich dorthin, wo heutzutage alles landet, wenn es unausgegoren reflektiert werden soll:

im Internet und in sämtlichen Blogs und Diskussionsforen dieser virtuellen Welt, in die unsere islamischen Mitbürger ihre Hasstiraden schreiben, sobald jemand nicht in ihre Denkmuster passt. Dort drohen sie gleich mit allen Weltuntergangsszenarien und Todesarten, die man sich vorstellen kann – in einem Stil und einer Diktion, die so grauenhaft formuliert wahrscheinlich noch nicht einmal im Koran zu finden sein dürfte.

Schade, denke ich dann oft. Wenn doch der Prophet wenigstens lesen könnte, in welcher ordinären Sprache diese überflüssigen Pamphlete seiner Jünger geschrieben sind, wäre wahrscheinlich sowieso Schluss mit gläubig, denn ich glaube kaum, dass ein gläubiger Muslim die Worte Ficker, Hurensohn oder Arschloch in den Mund nehmen dürfte.

So wie ein Muslim also keine Balance zwischen Austeilen und Einstecken finden kann, so wenig lässt er es zu, dass man seine Religion kritisiert, obwohl er aber den anderen ständig unterstellt, dass sie die Vorboten des Weltuntergangs seien. So kritikunfähig er ist, so wenig Selbstkritik übt er auch.

Wieso fliegen beispielsweise Krieger im Namen Allahs mit gekaperten Flugzeugen in Hochhäuser und töten Tausende von unschuldigen Menschen, ohne dass sich einer der Würdenträger dieses Glaubens in der Weltöffentlichkeit dafür entschuldigt oder wenigstens davon distanziert? Schließlich ist nicht jeder Muslim automatisch ein Schläfer, der auf den Befehl seines Propheten wartet, die westliche Welt in ihre Einzelteile zu zerlegen.

Wieso werden unschuldige Mädchen auf offener Straße von ihren Brüdern abgestochen, ohne dass sich ein einziger Gelehrter dieser Glaubensgemeinschaft dagegen wehrt, dass man so seinen ganzen Glauben in den Schmutz zieht? Schließlich ist nicht jede türkische Familie von mittelalterlichen Denkvorgaben und Verhaltensregeln geprägt, die es ihnen verbieten könnten, ihr Leben mitten unter uns Heiden zu leben. Vor allem ist Ehrenmord auch in der Türkei ein Verbrechen!

Wieso werden Lügen und Unwahrheiten im Namen Allahs verbreitet, ohne dass ein einziger seiner Gläubigen dagegen ankämpft, dass man seinen Glauben verzerrt und entstellt? Warum lässt man all die angeblichen Unwahrheiten und Behauptungen über das Aufkeimen eines militanten Fundamentalismus unwidersprochen stehen, statt zu erklären, dass nicht jeder, der sich zum Islam bekennt, zwangsläufig ein Fanatiker sein muss? Warum also fördern gerade diejenigen, denen solche Vorurteile am meisten schaden, undifferenzierte Meinungen, indem sie oft durch ihr Handeln bestätigen, was man behauptet? Weil die wenigsten, die vorgeben, an Allah zu glauben, wissen, was es wirklich bedeutet. Keiner von denen, die ihren strengen Glauben zur Maxime ihres Handelns machen, weiß, dass sein Glaube eigentlich für Frieden und Toleranz stehen müsste und nicht für Hass, Gewalt, Missgunst und Rachsucht.

Andererseits beklagen sich genau diese Leute dann, wenn man ihnen unterstellt, ihre Religion sei aggressiv und unberechenbar, und fühlen sich als Opfer einer christlichen Schmutzkampagne. Dabei haben sie selbst ihren Glauben zum Instrument und aus dem Kampf um Anerkennung einen Krieg um religiöse Identität gemacht.

Bleiben Sie also ganz ruhig, wenn jemand versucht, Ihnen ein schlechtes Gewissen zu machen, nur weil Sie sich vor

geblümten Kopftüchern ekeln und Ihnen Männer mit Voll-
bärten suspekt vorkommen. So wenig, wie ein Kopftuch
mit Türken zu tun hat, so wenig ist ein Zottelbart der Ausdruck von islamischer Gläubigkeit. Das haben diese Leute,
die sich heute Türken nennen, aber in Wirklichkeit eigentlich Araber genannt werden müssten, erfunden, um Ihnen
Angst zu machen.

So wie der Nazi sich eine Glatze rasiert, seinen ganzen
Körper bis zum Hals mit Nazisymbolen tätowiert, grim-
mig schaut und mit Springerstiefeln durch die Stadt mar-
schiert, trägt das Türkenmädchen ihr Kopftuch und genießt
es, wenn Sie glauben, sie hätte unter ihrem Schleier eine
Kalaschnikow. So wie der Nazi Deutschland gerne mal mit
dem Deutschen Reich verwechselt, so kann auch ein «Kopf-
tuchnazi» nicht zwischen nationaler und religiöser Identität unterscheiden. Beide schaden sie dem Ruf des Durch-
schnittlichen. Ein Nazi repräsentiert Deutschland genauso
wenig wie eine Kopftuchträgerin die Türkei. Hauptsache,
man bleibt stets das Opfer in einer Welt, in der man von
finsteren Mächten des moralischen Verfalls umgeben ist,
gegen die man sich nur mit der Reinheit seines Glaubens zur
Wehr setzen kann. Unklar bleibt auch, wer die Kampagnen
steuert, die Extremisten gerne zum Anlass nehmen, um
sich verfolgt und beleidigt zu fühlen. Denn im selben Maße,
wie man als Extremist anderen Unrecht tut, fühlt man sich
auch ungerecht behandelt und diskriminiert. Kommt es der
Selbstdarstellung dieser Leute vielleicht sogar entgegen,
dass man sie zum Mittelpunkt von angstgelenkten Debatten
macht? Sollte man sie nicht einfach ignorieren und ihnen so
die Lust an der Provokation nehmen, statt sie vor jedes Mi-
krophon und jede Kamera zu zerren, um ihnen so noch eine

Bühne zu bieten? Wurden zum Beispiel die Mohammed-Karikaturen nicht schon etliche Monate vorher veröffentlicht, ohne dass sich jemand dafür interessierte, bevor sie, gefördert durch eine sensationsgierige Berichterstattung, diesen weltweiten Aufstand der Empörung in der islamischen Gemeinde verursachten? Warum kam es gerade zu diesem seltsamen Zeitpunkt zu Protesten und nicht schon viel früher? Oder hatte nur zufällig jemand am Bahnhof in Bagdad eine dänische Zeitung in die Finger bekommen? Und wie werden die Bilder erzeugt, die wir dann in den Medien sehen? Gibt es in der arabischen Welt Verkaufsstände für kleinkalibrige Gewehre, mit denen vornehmlich Kinder wütend in die Luft schießen, oder kleine Büchlein mit Parolen, die man vorher lernen muss, um sie in eine westliche Kamera zu skandieren? Oder muss man als Reporter nur zur richtigen Zeit an der richtigen Stelle sein, um aus der Fülle der Szenen die passenden Bilder für seine Berichterstattung zusammenzustellen? Oder werden bestimmte Bilder automatisch bestimmten Themen zugeordnet? Sobald es um Türken geht, sieht man eine dicke türkische Frau im Kaftan mit Aldi-Tüten durch Duisburg-Marxlohe laufen. Sobald es um Muslime in Deutschland geht, spricht ein Mufti mit Bart und grauem Anzug in halbwegs gebrochenem Deutsch über den nächsten Moscheebau. Sobald es um Kriminalität türkischer Jugendlicher geht, sieht man Straßenkids zu Hip-Hop-Beat tanzen.

Warum werden diese angeblich akut-aktuellen Themen dann mit den immer gleichen Gesprächspartnern in jeder Talkshow besprochen, und warum sagt jeder etwas dazu, das so klingt, als wäre es unglaublich neu, obwohl er seine Informationen aus derselben Presse wie wir auch hat? Ist es also nur die deutsche Presse, die dieses verzerrt-stereotype Bild für ihre Zwecke benutzt, oder ist es vielleicht auch Teil einer Selbstvermarktung, dass man als Türke in Deutschland die Bedürfnisse der modernen Informationsgesellschaft zu seinen Gunsten nutzt, indem man ihr von Zeit zu Zeit genau das vorspielt, was sie von einem erwartet? Mal ist man der Türke am Rand der islamischen Fundamentalisierung, dann ist man der Vorzeige-Emigrant, mal ist man auf dem Weg nach Hause, dann ist man der Türke vor den Toren Europas, mal ist man Experte, wenn es um religiös motivierten Terrorismus in der Welt geht, dann hat man von alldem keine Ahnung.

Die Türken in Deutschland haben schon vor einiger Zeit entdeckt, wie effektiv diese ständig wechselnden Rollenspiele sein können, und lange Zeit sind sie dabei sogar durch die Dummheit und Ignoranz der deutschen Behörden unterstützt worden.

Unter dem Deckmantel folkloristischen Freizeitvergnügens ließ sich einiges an subversiven Vorhaben organisieren. Erst nannten die türkischen Gruppen ihre Treffpunkte noch harmlos Kulturvereine, doch im Grunde genommen waren es nur Zockerbuden. Dann wurden es Gotteshäuser, in denen man kleinen Kindern die Suren des Koran eintrichterte, aber man tarnte es als harmlose Gebetsstube. Schließlich wollte man wenigstens eine Moschee bauen, am Ende stand in jeder Stadt mindestens eine Moschee mit zwei Minaretten.

«Lass den Türken mal seine Moschee bauen. Der Jude hat doch auch seine Synagoge», dachten sich wahrscheinlich viele Deutsche und unterschätzten damit sträflich die Auswirkung dieses fehlenden Interesses. Das hat man nun davon. In Köln müssen jetzt zum Beispiel die Nazis von Pro Köln, einem Ableger der rechtsradikalen NPD, gegen den Bau einer vollkommen überdimensionierten und mit Fundamentalistengeldern geförderten Moschee protestieren, während die Befürworter so tun, als hätten sie nichts dagegen, in Wirklichkeit aber nur ihre Vorbehalte verstecken und nicht wissen, worauf sie sich mit diesem Kuhhandel eigentlich einlassen.

In der Unbedarftheit einer orientierungslos-übertoleranten Lebenseinstellung hat man in Deutschland schon längst den Extremen eine differenzierte Haltung überlassen und so ein gefundenes Fressen für Demagogen geschaffen. Zur Toleranz gehört eben nicht nur, dass man bedingungslos hinnimmt, was der andere will, sondern auch, dass man fundiert und sachlich dagegen argumentieren kann, wenn man es selbst nicht will.

Ich wünsche mir von den Deutschen manchmal etwas mehr Mut zur Intoleranz und mehr Willen zur Aufklärung von Wissenslücken, dann gäbe es nur eine Antwort auf diese Fragen: «Moschee? Wie bitte? Beten könnt ihr zu Hause, und um gläubig zu sein, brauche ich kein hundert Meter hohes Minarett. Wer soll außerdem im Industriegebiet von Köln den Muezzin hören? Kulturverein, schön und gut, aber nur, wenn es wirklich um türkische Kultur geht.»

Denn danach, wie viele Muslime es gibt und wie viele Moscheen diese tatsächlich bräuchten, um ihren Glauben ausüben zu können, fragt letztendlich niemand.

Aber das traut man sich in Deutschland auch nicht. Lieber arbeitet man seine Wut auf Ersatzschauplätzen ab, als sie dann zu formulieren, wenn sie eine Berechtigung hat. Lieber fühlt man sich ungerecht behandelt und verfolgt, wenn man zweifelt, statt selbstbewusst zu hinterfragen, lieber wartet man, bis es nicht mehr geht, und haut dann alle Argumente auf einmal heraus oder macht sein (Haken-)kreuz an der richtigen, rechten Stelle. Damit wird man letztendlich zum Spielball politischer Interessen, denn ohne zu wissen, worum es in diesen Debatten geht, kann man auch kein patentes Urteil darüber abgeben.

Dabei wäre es ein viel größerer Schritt zu einer neuen deutschen Realität, wenn man den hier lebenden Ausländern nicht seine Regeln aufzwingt und sie im Gegenzug dafür in ihren eigenen Welten schalten und walten lässt, wie sie wollen, sondern ein gemeinsames Verständnis für das entwickelt, was es bedeutet, deutsch zu sein. Man müsste den Begriff der Leitkultur neu definieren und ihn damit an eine neue deutsche Realität angleichen, um sie berechtigt zu fordern – einen Verschnitt aus allen Vorteilen, die die unterschiedlichen Kulturen mit sich bringen, und zugleich einen Filter für alles Extreme, das oft auch daraus entsteht, dass man es aus seinem Blickwinkel verdrängt oder durch Verbote maßregelt.

Womit wir auch schon bei der nächsten Regel wären: Geben Sie dem Türken keine Chance mehr, sich abzusondern oder zusammenzurotten. Bekämpfen Sie aktiv die Entstehung von Parallelgesellschaften, indem Sie ein Teil davon werden. Fordern Sie nicht mehr nur Deutschkurse für Türken, sondern lernen Sie stattdessen selbst Türkisch, statt wie bisher Italienisch oder Französisch! Statt weiter im italienischen Restaurant zu sitzen und sich von Albanern Vitello Tonnato servieren zu lassen, sollten Sie jetzt die türkische Kultur kennenlernen! Mittlerweile leben über drei Millionen Türken in Deutschland. Die beste Sprache, die Sie lernen können, um sich mit Ihren Mitmenschen zu verständigen, ist Türkisch. Es lohnt sich, denn dann verstehen Sie in Zukunft wenigstens, ob Ihr Nachbar Ihnen gerade den Dschihad erklärt oder nur eine Tüte Milch haben will, wenn er sagt: «Türkce konuskmak zor degil, sadece biraz ilgi ve sabir lazim.»

Kurze Einführung in die Kanak Sprak

Ihnen ist das zu kompliziert? Sie sehen nicht ein, dass Sie Türkisch sprechen sollen? Oder haben Sie einfach nur Schwierigkeiten mit der türkischen Aussprache oder der Grammatik? Dann reicht es auch, wenn Sie ein Gemisch aus beiden Sprachen sprechen, die sogenannte Kanak Sprak. Abgeleitet von dem Wort *Kanake* steht die Bezeichnung Kanak Sprak («Türkendeutsch») für den deutschen Slang, der vor allem von männlichen Jugendlichen türkischer Abstammung in Ballungszentren Deutschlands gesprochen wird. Diese Sprache wird auch teilweise von deutschen Jugendlichen in sozial schwachen Gebieten mit hohem Ausländeranteil übernommen, die deshalb mitunter als *Kanakendeutsche* bezeichnet werden.

Ursprünglich wurde der Begriff Kanak Sprak 1995 von Feridun Zaimoglu mit dem Buch «Kanak Sprak – 24 Misstöne vom Rande der Gesellschaft» geschaffen und kam in der Zwischenzeit durch Comedians wie Kaya Yanar und Erkan und Stefan geradezu in Mode. Mittlerweile haben sich also die beiden Unterschichten der türkisch-deutschen Community so weit angenähert, dass eine Art Melange der beiden Halbsprachen entstanden ist. Dabei werden Wort-

fragmente der beiden Sprachen wahllos miteinander ver-
mischt. Man spricht schließlich nur zwei halbe Sprachen,
und fällt einem ein bestimmtes Wort in der einen Sprache
nicht ein, so nimmt man einfach das vermeintlich passende
aus der anderen Sprache.

Das einfachste Beispiel ist die Verwendung des Wortes
hayde, welches dem Deutschen *also* oder dem französischen
allez entspricht. «Hayde tschüs» sagt man mittlerweile,
wenn man sich unter Deutschtürken verabschiedet. «Sehen
wir uns yarin oder was ey?», fragt das türkische Mädchen ihren deutschen Freund und meint damit, ob das Date heute
oder morgen (also auf Türkisch *yarin*) stattfindet. Der ant-
wortet ihr leicht genervt: «Was weiß isch denn, du bitsch
ey», und bringt damit eine weitere Komponente ins Spiel,
nämlich die korrekte Aussprache der Kanak Sprak und die
Anglizismen, die aus der amerikanischen Hip-Hop-Kultur
übernommen wurden.

Die Regeln zur Aussprache sind schnell erklärt. Grundsätzlich gilt, dass aus jedem *ch* ein *sch* gemacht wird. *Ich*
wird *isch* ausgesprochen. *Bitch* wird *bitsch* ausgesprochen.
Auch Präpositionen und Artikel entfallen, sowie es auch
keine regelmäßige Satzstellung zu beachten gibt. «Bin isch
Mustafa, geh isch Schule.»

Hinzu kommen ausfallende Gesten und Handbewegun-
gen, die das Gesagte unterstreichen sollen. Auch wenn Ihnen das vielleicht zunächst etwas seltsam vorkommen mag:
Haben Sie einfach den Mut, Fehler zu machen, und schon
werden Sie merken, wie befreiend es wirken kann, weder
nach neuer noch nach alter deutscher Rechtschreibung zu
fragen, sondern einfach so zu reden, wie einem der Schnabel
gewachsen ist. Ganze Armadas von Gangstas und Street-

rappern leben mittlerweile davon, dass sie ihre grammatikalisch-phonetischen Unzulänglichkeiten zur Subkultur stilisiert haben – warum sollten Sie es dann also nicht auch einmal ausprobieren.

Aber Vorsicht! Versuchen Sie bloß nicht bei nächster Gelegenheit, Ihren türkischen Nachbarn zu provozieren (oder fundiert zu diskriminieren), indem Sie ihn in seinem deutsch-türkischen Heimatidiom ansprechen, um Höflichkeit zu simulieren. Stellen Sie lieber hin und wieder einmal seine deutschen Aussprachefähigkeiten auf die Probe, indem Sie ihn auffordern, den Satz «Tschechische Chefchemiker auf griechisch-chinesischen Passagierschiffen» zu wiederholen. Abgesehen davon, dass wahrscheinlich auch große Teile der deutschen Bevölkerung (schon gar nicht Wolfgang Schäuble oder Jürgen Klinsmann) diesen Satz korrekt aussprechen könnten, wird der Türke Sie dafür hassen und Ihnen mit den Worten «Spinnst du, Alder, oder was? Komm, gemma raus. Isch weiß, wo dein Haus wohnt» einen ernsthaften Antrag zur Liquidierung Ihrer Person machen. Antworten Sie in diesem Fall beschwichtigend mit «Respekt, Kollega, war nur Spass!», und Sie werden keine weiteren Unannehmlichkeiten zu befürchten haben. Das verschafft Ihnen vor allem den nötigen *Respekt*, ein zentrales Wort der deutsch-türkischen Community, und eröffnet die Möglichkeit für ein interkulturelles Gespräch.

Führen Sie dann die Konversation in entspanntem Ton weiter, indem Sie sich in das Interessengebiet Ihres Gesprächspartners einarbeiten und vorgeben, sich darin gut auszukennen. Vergessen Sie dabei nicht, stets das r zu rollen und ein h am Anfang des Wortes wie ein ch auszusprechen. «Ey, chast du gesehen, dem Ali sein korrekte Auto, ne, ist der Hamma, Alder. Chundertfuffzisch PS, Direkteinschipiritzung, Kompiressor. Voll fett!»

Auch die richtige und ausgiebige Verwendung von Füllwörtern ist eine Grundregel, die man unbedingt beachten sollte. Dabei sind die Füllwörter je nach Sinn und Zweck austauschbar. Wollen Sie etwas Anerkennendes sagen, reicht es vollkommen aus, Ihre Absicht mit «Ey korrekt, Alder, Respekt man!» zu konkretisieren. Finden Sie dagegen etwas Empörendes an einem Ereignis, dann wird es schon mal «Krass, Alda!». Das Wort *Alda* übrigens, welches ursprünglich dem deutschen *Alter* entsprungen zu sein scheint, bezeichnet Ihren Gesprächspartner in freundschaftlicher Art.

Vielleicht wird Sie dieser Slang an die Sprache der schwarzen Bevölkerung Nordamerikas erinnern. Und damit liegen Sie nicht unbedingt falsch. Da die meisten in Deutschland lebenden Türken sich als eine Art Emotions-Afroeuropäer betrachten und sich mit der aus der angloamerikanischen Vermengung entstandenen Mischkultur identifizieren, ist es besonders schick, auch diese Elemente in seinen Sprachgebrauch mit einzubauen.

So hört sich der empörte Dialog zweier türkischer Prollmädchen schon einmal ungewollt filigran an: «Ey, die Jasmine, die is voll die Bitsch, Alder, wenn isch die seh lan, isch könnt die voll klatschen. Is die mit dem Kevin sein Bruder abgecheckt, die Chure, ey isch könnt kotzen, Alder, wenn isch di seh.» Besonders versteckt-aggressivere Untertöne lassen sich mit dieser Ausdrucksweise gut an den Mann bringen, ohne dass man gleich voll konkret werden muss.

«Was guckst du, lan, bin isch Auto oder was. Willst du Passfoto?» bedeutet im Deutschen so viel wie «Guten Tag, bitte schauen Sie mich nicht so an. Oder soll ich Ihnen eine

Ohrfeige verpassen?», soll aber zugleich ausdrücken, dass man dem Rezipienten dieser Botschaft eine gewisse Skepsis entgegenbringt. Besonders wichtig: Gehen Sie kein unnötiges Risiko ein. Verstehen Sie nicht gleich, worum es geht, lassen Sie es lieber bleiben. Lassen Sie vor allem das Wort Mutter aus dem Spiel, denn diese ist dem Türken heilig und thematisches Tabu. Streng nach dem Grundgesetz für integrationsunwillige Volldegenerierte gilt: «Alle Frauen sind Churen außer meine Mudda.» Deshalb erneut Vorsicht! Eine unbedachte Äußerung könnte zur Folge haben, dass man Sie ernsthaft mit den Worten bedroht: «Ey lan, isch kenne deine Wohnung. Isch habe keine Angst vom Tod. Was glaubst du, wer du bist. Komm gemma raus. Mann oder Memme.»

Wollen Sie den Konflikt riskieren, dann antworten Sie: «Schwul oder was? Siktir lan, nix kennst du, Alda. Isch kennen deine Mutter», und Sie werden zu hören bekommen: «Isch bin deine Mutter, du Churensohn.» Das ist zugleich das Halali für einen bevorstehenden tätlichen Übergriff, und es bleiben jetzt nur noch wenige Möglichkeiten, Ihren Kopf aus der Schlinge zu ziehen. Kapitulation oder Angriff. Überraschen Sie in solch heiklen Momenten Ihren Kontrahenten mit der Kenntnis einer besonderen Finesse der Kanak Sprak, indem Sie das entsprechende Substantiv mit einem Verneinungs-M verdoppeln. «Prügeln, Mügeln, kannste disch mit disch selba.» Das hört sich zunächst kompliziert an, ist aber einfacher, als man denkt. Es bedeutet schlicht und einfach, dass Sie absolut keine Lust haben, sich zu streiten.

Zum Schluss noch etwas: Der Türke kann keine Folge von Konsonanten sprechen. *Stuttgart* heißt *Schituttgart*, sowie *privat pirivat* ausgesprochen wird und eine *Frau* zur *Firau* wird. Versuchen Sie es einmal, und Sie werden merken, wie schnell man auf der Flucht vor wütenden Hip-Hoppern mit seiner *Firau pirivat* nach *Schituttgart* gelangt.

Nächste Regel: Verwechseln Sie nicht die Gesetze des Korans mit denen der bürgerlichen Gesellschaft. Der Türke wird immer wieder versuchen, Ihnen zu erklären, warum er dies und das tut. Vor allem der in Deutschland lebende Pseudotürke und Neomuslim wird sein Gebaren immer wieder auf den Koran zurückführen – zum einen, weil er weiß, dass es für sein seltsames Verhalten keine andere Erklärung gibt, zum anderen, weil er weiß, dass auch Sie sein fremdländisches Benehmen sich nicht anders erklären können. Dabei ist dieses Verhalten selbst für den Türken ziemlich ungewohnt. Neuerdings identifiziert sich der Deutschtürke nämlich lieber mit den Anlehnungen des Korans an die nahöstlich-arabische Kultur als mit den Überresten seiner zentralasiatisch-türkischen Kultur.

Das war früher anders. Ich erinnere mich noch sehr gut daran, dass unsere Eltern uns Kindern Schauermärchen von den *pis Arap* erzählten, den dreckigen Arabern, die aus ihren Heimatländern mit den Taschen voller Geld nach Istanbul kamen, ihren Kaftan in teure Armani-Anzüge umtauschten und in den Restaurants die Speisekarten rauf und runter bestellten. Zu Hause waren sie Gläubige, in Istanbul genossen sie die Freizügigkeit der westlichen Welt.

Die Türkei war für sie die Pforte zum Hades und zugleich der einzige Platz auf der Welt, an dem sie beides, nämlich die Verlockung europäischen Überflusses in einer gemäßigt islamischen Umgebung genießen konnten. Für sie aber waren wir Türken nur Abtrünnige auf dem Weg zur Hölle. Schon lange hatten wir in ihren Augen den rechten Weg des Glaubens verlassen und waren dabei, unsere Bekenntnisse korrumpieren zu lassen für ein Stück Wohlstand und Freizügigkeit. Denn religiös zu sein war in der Türkei lange Zeit ein Accessoire, das man, je nach Laune, an- und ablegte. Man war sogar stolz darauf, dass man sich aussuchen konnte, wann man das ganze religiöse Tamtam mitmachen wollte oder nicht. Manche fasteten, andere nicht. Manche beteten, andere nicht. Manche trugen ein Kopftuch, andere nicht. Manche hielten einen Gebetskranz in der Hand, anderen steckte eine Zigarette im Mundwinkel. Der Raki-Konsum in der Türkei war lange Jahre höher als der Bierkonsum in Deutschland, und dass man neuerdings in den Restaurants in Ankara und Istanbul keinen Alkohol mehr ausschenkt, ist ein haarsträubender Anachronismus, den die wenigsten verstehen, die eine andere Türkei kennengelernt haben als die heutige. Und das alles, obwohl es keinen wirklichen Anlass für diesen Rückfall ins Mittelalter gegeben hat. Die Türkei war ein Vorbild für einen modernen Islam an der Schwelle zwischen Orient und Okzident. Man konnte, aber man musste nicht gläubig sein, so wie es den meisten auch egal war, was der andere machte, solange er einen in Ruhe ließ.

Mittlerweile aber deutet jeder den Koran so, wie es ihm gerade passt. Vor allem in Deutschland ist diese Manie weit verbreitet und nur dadurch zu verstehen, dass man einmal näher auf die Behauptungen der islamischen Deutschtürken eingeht und sich mit ihren Motiven auseinandersetzt. Der eine sagt, es stünden im Koran nur schöne Verse, der andere behauptet, er enthalte einen geheimen Plan zur Welteroberung. Der eine deutet die Verse als Anleitung zum Glaubenskrieg, der andere als Ratgeber für einen Weltfrieden.

Vollkommen losgelöst von erklärbaren Grundlagen erfindet sich so jeder seine Version eines Glaubens, der nichts mehr mit seiner ursprünglichen Form zu tun hat. Der Prophet hat seine Jünger schon längst verlassen und sieht ihrem Treiben nur noch fassungslos zu.

Und das alles geschieht nur aus einem Grund: Man will die Deutschen ängstigen und ihr Gerüst aus gönnerhafter Ignoranz und ängstlicher Überheblichkeit ins Schwanken bringen.

Die beste Medizin gegen diese Methode: Lesen Sie den Koran, dann sind Sie gegen solche Behauptungen immun. Studieren Sie die Grundlagen des Islam, dann kann man Ihnen nichts mehr im Namen Allahs vormachen. Je mehr Sie sich mit Ihren Ängsten konfrontieren, umso besser werden Sie sich fühlen. Und wenn Sie sich nur die wesentlichen Kenntnisse aneignen, werden Sie trotzdem angstfreier leben können als bisher. Vor allem werden Sie schnell merken, dass nicht jede Behauptung über den Koran richtig ist und vieles als Ersatz für Frustration und Enttäuschung herhalten muss. Sagt Ihnen zum Beispiel der Dönermann um die Ecke, zu dem Sie in der Halbzeit des Länderspiels Deutschland–Türkei gehen, um ein kulinarisches Symbol der Völkerverständigung zu verdrücken, er dürfe kein Fußballspiel gucken, weil der Prophet schließlich Fußball verbiete, dann fragen Sie ihn einfach, warum der Iran dann eine Fußballnationalmannschaft hat, woher der Prophet den Pizza-Ofen kennt und warum er ihn erlaubt, ob sich guter Glaube an Fußball festmachen lässt, was der Prophet über Handball denkt und ob Ihr Dönertalibanmann nicht doch lieber zu Hause wäre und vor dem Fernseher säße, statt seine schlechte Laune an unschuldigen Ungläubigen auszulassen.

Sagt Ihnen die kopftuchtragende Gemüseverkäuferin, sie würde gerade fasten, weil es im Koran so stehe, dann entgegnen Sie ihr, dass Frauen in der Regel nicht zu fasten haben, so wie der ganze Fastenmonat Ramadan (eigentlich heißt er Ramazan, wer hat eigentlich daraus Ramadan gemacht?) eine freiwillige Angelegenheit ist, fragen Sie, ob es Kuran, Koran, Kuraan oder Kuuran heißt und woher das Fasten kommt, ob es was mit Deutschen zu tun hat oder mit der Region, aus der ihr Glaube ursprünglich stammt, oder ob ihre freiwillige Selbstkasteiung nur ein Manöver ist, um Aufmerksamkeit zu erhaschen, ein ziemlich anstrengendes noch dazu, denn durch den Hunger wird sie bestimmt nicht erleuchteter.

Behauptet ein Vorstadtmujaheddin, er würde jeden Tag fünfmal beten, weil er so seine Seele reinigen wolle, dann fragen Sie ihn, warum und womit er so viel Schmutz auf seine Seele geladen hat und ob es ausreicht, bei der rituellen Waschung vor den Gebeten nur seine Füße, sein Gesicht, seine Hände, Ohren und Augen zu waschen, um die Sünden loszuwerden, statt einmal am Tag zu duschen? Und fragen Sie ihn, ob es nicht sinnvoller wäre, sich dort zu waschen, wo der Schmutz sitzt, also im Kopf oder zwischen den Beinen, ob es nicht besser wäre, ein redliches Leben zu führen, statt ständig auf der Flucht vor seinen eigenen Verfehlungen um die Gnade einer übergeordneten Instanz zu betteln und ihr damit die Verantwortung für sein eigenes Handeln zu übertragen. Waschen kann man sich allerdings auch ohne Anlass, und gut sein kann man natürlich auch ohne Anleitung von oben.

Nehmen Sie den Koran nicht zu ernst!

Ob es um Schweinefleisch oder Ehrenmord geht: Keine dieser Regeln ist glaubhaft und auf unser heutiges Leben anwendbar, und es bleibt in einer freien Welt, erst recht in Deutschland, jedem selbst überlassen, was er davon einhält oder nicht. Das muss jeder Mensch, ob gläubig oder nicht, einsehen. Andernfalls ist er ein Tyrann und hat keinen Anspruch auf einen Platz in einer pluralistischen Demokratie. Von anderen zu verlangen, dass sie Rücksicht auf seine Lebensgewohnheiten und Befindlichkeiten nehmen, und selbst keinen Deut dieser Rücksicht zu zeigen, ist ungerecht und egoistisch. Und hier zeigt sich eine nahezu absurde Parallele im Verhalten der Türken zu dem ihrer deutschen Gastgeber. So wie die Deutschen von den Türken verlangen, deutscher zu sein als sie selbst, verlangen viele Islamtürken von Deutschen mittlerweile, den Koran ernster zu nehmen, als sie es selbst jemals könnten. Denn würden diese sogenannten Gläubigen wirklich einmal streng nach den Regeln des Korans leben, wäre es um ihre scheinheilige Selbstinszenierung ohnehin geschehen. Nach den Gesetzen eines vor mehr als 1000 Jahren verfassten Werkes zu leben ist in der Umgebung einer westlichen Zivilisation im 21. Jahrhundert nach Christi Geburt schier unmöglich.

Wie soll beispielsweise ein strenggläubiger Muslim wegschauen, wenn vor ihm eine leichtbekleidete Ungläubige steht? Wie kann er rechtfertigen, dass er raucht, obwohl es nicht im Koran steht, dass er es darf? Dürfen Frauen, die einen Schleier tragen, den Führerschein machen, und warum tragen manche Frauen einen Schleier und gleichzeitig einen Stringtanga? Wenn im Koran steht, was verboten ist, sind dann alle Dinge, die nicht darin stehen, automatisch erlaubt?

Wie konnte der Prophet wissen, was an Verführungen noch auf die Menschheit zukommt, sodass es heute noch einen universellen Maßstab für Richtig und Falsch gibt? Oder sind wir auf die Deutungen der Hocas angewiesen, die in der Regel doch vieles von dem, was sie uns verbieten, gar nicht kennen dürften?

Die Wahrheit ist: Niemand schert sich darum, ob er rauchen darf, die Bordelle Deutschlands werden weiterhin von muslimischen Männern gut besucht, und der Stringtanga unter dem Kaftan macht den Braten auch nicht fett. Der Glaube ist schon längst zum Accessoire einer desillusionierten Migrationskultur verkommen, der Prophet ist ein Popstar einer orientierungslosen Einwanderergeneration deutsch-türkischer Heimatloser.

Wer ist überhaupt dieser ominöse Prophet, der so toll gewesen sein soll, dass man ihn Jahrhunderte später noch in Schutz nimmt? Ist er vielleicht nur ein durchgeknallter Beduine gewesen, der einen Hitzschlag erlitten hatte, einer, der seine Visionen nicht mehr unter Kontrolle hatte, oder ist er etwa die Antwort einer geschundenen Region und ihrer Menschen auf die Unterwanderung durch die übermächtigen Glaubensbewegungen Christentum und Judentum gewesen?

Tatsächlich gibt es große Parallelen zwischen den unterschiedlichen Lehren von Judentum, Christentum und Islam. So wie das Christentum nichts anderes ist als eine abgewandelte Anlehnung an den jüdischen Glauben, so kennt der Koran dieselben Propheten, die in der Bibel stehen, und auch die Gleichnisse sind häufig identisch mit denen der anderen Schriften. Jesus heißt im Koran Isa, Ibrahim ist

Abraham und Moses heißt Musa. Viele andere Propheten und ihre Namen, viele Orte und Handlungen sind identisch. Warum dann diese Konkurrenz? Warum der Anspruch, die einzig wahre Lehre zu vertreten und den einzig richtigen Weg zu zeigen? Könnte man sich nicht vielmehr auf die Gemeinsamkeiten besinnen, statt die Unterschiede zu betonen?

Dieser Wettbewerb zwischen den Religionen ist nicht erst heute erfunden worden. Er existiert schon seit Tausenden von Jahren, und immer noch wollen die Stellvertreter der einzelnen Glaubensgemeinschaften uns klarmachen, dass gerade sie die Weisheit mit Löffeln gefressen haben, weil ihr Prophet angeblich die einzige Wahrheit verkündet.

Dabei ist unser heutiger Glaube mittlerweile ein individueller Zugang zu Gott und eigentlich nicht mehr zu verallgemeinern, schon gar nicht durch das Dogma einer Institution zu verwalten. Glaube in einer modernen Welt braucht keinen Vermittler mehr, der sich zwischen Gläubige und Gott schaltet. Glaube ist keine Vereinsmeierei, bei der sich jeder aussuchen kann, was er glaubt. Glaube ist eigentlich etwas sehr Persönliches, etwas, das jeder mit sich selbst ausmachen kann. Bei den großen dogmatischen Weltreligionen geht es viel mehr darum, durch den Glauben die jeweilige Lebenssituation der Menschen zu ordnen und zu verbessern, denn Religion ist nichts anderes als ein Gesetz für Asoziale.

Warum nützt der Islam den Deutschtürken mehr, als er den Deutschen schadet?

Ein gläubiger Mensch braucht keine Kontrolle durch das Übergeordnete, schon gar nicht, wenn er die Verantwortung für sein Handeln übernimmt. Wer an Gott glaubt, der muss sich nicht vorschreiben lassen, wie und wann er was zu tun hat, wenn er die Konsequenzen dafür in Kauf nimmt. Wer das Gefühl hat, zu dick zu sein, der kann fasten, wann er will, und wer ein schlechter Mensch ist, der wird auch nicht durch leere Drohung geläutert.

Religion hat vor allem den Sinn und Vorteil, dass sie eine Ordnung schafft – dadurch, dass sie Angst macht. Und in diesem Sinne ist sie dann sogar wieder etwas sehr Nützliches. Vor allem bei den Deutschtürken, denn die Türken sind ohnehin ein Volk, welches ohne Führung schnell außer Rand und Band gerät. Kommt dazu, dass man nicht mit ihnen umzugehen weiß, so gibt es keine Grenzen mehr.

Ohne Autorität organisiert der Türke sich nämlich selbst. Das sieht man an ganz einfachen Dingen, wie zum Beispiel der Art und Weise, in einer Schlange zu stehen und zu warten.

In Deutschland steht man diszipliniert in einer Reihe, und man mosert nicht, dauert es auch noch so lange. Es reicht eine unsichtbare Anweisung oder ein drohendes schlechtes Gewissen, schon fügt der Deutsche sich dem System. In der Türkei steht man durcheinander oder in zehn Reihen, bis ein Beamter kommt und die Wartenden anraunzt, sich doch gefälligst ordentlich aufzustellen. Doch es dauert kaum eine Minute, bis sich die Ordnung wieder in Chaos verwandelt und sich die wartende Meute auch schon mal zusammenschließt und randaliert.

So ist es mit vielen Dingen, und es scheint, als gäbe es keine andere Lösung als das rigorose Durchgreifen oder den Appell an die Gottesehrfurcht der Beteiligten.

Vielleicht also ordnet die neuentdeckte Religiosität der Türken zum ersten Mal etwas, was man vorher nur durch Gewalt verhindern konnte. Vielleicht bringt sie die Türkei sogar weiter als das, was sie vorher so zurückgeworfen hat. Vielleicht ist es aber auch nur eine adäquate Antwort auf eine Entwicklung der westlichen Welt, die den traditio-nalistischen Türken in Deutschland Angst macht, weil sie vor keinem Tabu mehr haltmacht und damit ihr Festhalten an konservativen Grundwerten zur Überlebensfrage in der Fremde macht.

Vielleicht ist es ja für die deutschtürkischen Männer wirklich ratsam und überlebenswichtig, ihren Frauen den Schleier anzulegen. Schließlich sind die Menschen der west-lichen Welt mittlerweile so übersättigt von nackten Frauen, dass sie sämtliche Sexualpraktiken öffentlich besprechen und ihre als Aufgeschlossenheit getarnte Langeweile zur Legitimation von Absonderlichkeiten nutzen. So wie es eine Fetischisierung der Interessen gibt, so ist auch unser Sexualverhalten zu einer fast manischen Dekonstruktion von Tabubildern verkommen, in der es weder moralische Barrieren noch Skrupel vor der Realisierung unmöglichster Phantasien gibt.

Vielleicht ist die Reglementierung des Alltags durch das Dogma einer Religion eine gute Antwort auf die Überforde-rung durch die vorgegaukelte Freiheit des Kapitalismus, in der jeder alles haben kann, aber niemand weiß, was er wirk-lich will. Die meisten Menschen stehen vor vollen Regalen und wissen nicht, was sie kaufen sollen.

Ohne eine eingehende Beschäftigung mit dem Wesen des Türken werden Sie es also nicht schaffen, seine taktischen Manöver zu entlarven. Viel mehr noch: Ihre Intoleranz wird zur unterschwelligen Aversion, ohne dass Sie wissen, wodurch diese verursacht wird und wie Sie sie verhindern können. Je mehr Sie sich auf den Türken einlassen, desto gleichgültiger wird er Ihnen werden. Je gleichgültiger er Ihnen wird, desto weniger wird er Ihnen etwas vormachen, und er wird mit Ihnen leben können, ohne aus Angst vor Identitätsverlust auf seinen kulturellen Eigenheiten zu beharren.

Einige goldene Regeln im Umgang mit Deutschen

Jetzt haben Sie die wichtigsten Regeln im Umgang mit Türken kennengelernt. Aber auch der Deutsche ist nicht immer einfach zu verstehen, und sein Verhalten ist nicht immer leicht zu durchschauen. Vielleicht hilft es deshalb, an dieser Stelle einige Ratschläge zum richtigen Umgang mit Deutschen zu geben.

Die erste und zugleich wichtigste Regel lautet: Fallen Sie niemals mit der Tür ins Haus. Der Deutsche hat ein empfindliches und schweres Gemüt. Es fällt ihm schwer, sich auf Neues einzustellen. Er braucht Zeit, bis er sich an etwas Fremdes gewöhnt.

Schließlich lebte er jahrhundertelang im Wald und war es von jeher nicht gewohnt, den Horizont zu sehen. Ich habe mal einen «Bekannten» gehabt, der sich bei mir beschwert hat, weil ich ihn als meinen «Freund» bezeichnet habe. Schließlich würden wir uns erst seit einigen Jahren kennen. Anders nämlich als der Türke, der jeden sofort zu seinem Freund erklärt und schon am nächsten Tag vergessen hat, wer der Freund war, braucht der Deutsche eben eine gehörige Zeit, bis er aus einem entfernten Bekannten einen näheren und dann guten Bekannten werden lässt und schließlich jemanden zu seinem Freund und als höchste Steigerung seiner Zuneigung sogar zum Kameraden erklärt.

Es muss eine lange Zeit vergehen, bevor der Deutsche seine Zurückhaltung aufgibt. Er ist nämlich auch sehr misstrauisch und zuweilen schreckhaft. Wer weiß, was alles passieren kann, wenn man sich zu sehr auf etwas Fremdes einlässt oder Unbekanntem zu schnell öffnet. Vorsicht ist gut, Kontrolle ist besser, das ist seine Devise. Lieber zieht er früh am Abend die Jalousien herunter und verriegelt die Tür, als dass er aus dem Fenster schaut, um zu sehen, wann der Verbrecher kommt. Aber seien Sie vorsichtig mit zynischen Bemerkungen über sein Verhalten. Und erwarten Sie auch nicht, dass der Deutsche etwas davon einsieht. Kritik ist auch ihm ein Grauen. Er erträgt sie zwar mit stoischer Gelassenheit, schließlich hat er eine historische Verantwortung, der er sich missmutig stellt; sobald er jedoch weiß, dass seine Kritiker über alle Berge sind, wird er sich mit seinesgleichen verbünden, um über sein Leid als ewiger Bösewicht der Geschichte zu klagen und über die Miesmacher seiner einfachen Lebensart herzuziehen. Viele Diskussionen über die Verkommenheit des deutschen Charakters sind in den letzten Jahren geführt worden, um denen, die das deutsche Gemüt in seiner zurückhaltenden Unberechenbarkeit nicht kennen und nicht zu schätzen wissen, zu suggerieren, dass der Deutsche seine Aggression nur zu gern auch mal gegen Schwächere richte. Dabei ist es nur Selbstschutz und schon gar nicht Feigheit, sondern sein gutes Recht. Denn der Deutsche hat es nicht leicht. Mitten in Europa lebend, umzingelt von anglo-frankophil-slawischen Kulturkreisen, musste er in jahrhundertelangen Kämpfen lernen, sich zu behaupten. Ob es die Franzosen sind, die mit ihrer überbordenden Lebenskultur und Genusssucht die Bescheidenheit des Deutschen konterkarieren, oder die Holländer, die mit ihrer ungestümen Reiselust alljährlich im Sommer das ganze Land in Streckenabschnitte auf dem Weg ins hügelige Glück zerteilen, ob es die Russen sind, die neuerdings in Scharen nach Deutschland strömen, um für teures Geld ganze Schmuckarsenale leer zu kaufen, oder die Türken, die erst kamen, um in der Türkei besser leben zu können, und geblieben sind, um in Deutschland zu sterben. Man kann den dunklen Mächten, die einen belagern, nur so lange vertrauen, wie man sich Bastionen aus Bedachtsamkeit bewahrt. Umso größer ist demzufolge die Vorsicht des Deutschen vor dem Andersartigen. Umso misstrauischer reagiert er auf die ihm entgegengebrachte Freundlichkeit.

Es ist allerdings falsch zu glauben, dass der Deutsche ein unfreundlicher Mensch sei. Ganz im Gegenteil: Dieses übermäßig Misstrauische des deutschen Charakters ist tatsächlich nur ein Schutz vor allzu großer Inanspruchnahme durch das Unberechenbare. Der Deutsche hat in Wirklichkeit ein sehr anhängliches Wesen und fürchtet sich vor nichts mehr als vor dem Verlust der Kontrolle über seine Emotionen.

Hat der Deutsche nämlich jemanden (selbst wenn er aus Österreich kommt) in sein Herz geschlossen, so dauert es mindestens tausend Jahre – es können auch schon mal zwölf sein –, bis er ihn wieder gehen lässt, und er folgt ihm notfalls sogar bis in den «Untergang».

Die Vergabe seiner Zuneigung ist für den Deutschen also vor allem davon abhängig, wie behutsam und vorsichtig man mit seiner Befindlichkeit umgeht. Vor allem spielt die Nationalität dabei weniger eine Rolle, als man glaubt. Als die ersten Türken nach Deutschland kamen, war die Angst der Deutschen vor den exotischen Einwanderern zwar sehr groß und ihre Zurückhaltung dementsprechend. Schon bald aber näherte man sich einander an und begann miteinander zu sprechen und sich über Alltäglichkeiten auszutauschen. Je weniger der Türke dabei auf seinen Eigenheiten beharrte und sie zu einem Schutzschild gegen die schroffe und behäbig wirkende Art des Deutschen machte, umso mehr öffnete der sich und verlor dabei seine anfängliche Scheu. Die besten und treusten Freunde meiner Eltern sind mittlerweile Deutsche. Darunter sind vor allem auch konservative ältere Damen und ausländerfeindliche ältere Herren – sogar ehemalige Mitglieder der Waffen-SS stehen Gewehr bei Fuß, wenn mein Vater bei ihnen anruft, um sie um einen Gefallen zu bitten. Und das nur, weil er ihnen uneingeschränktes Vertrauen entgegenbringt, ohne sie dabei zu übermäßiger Offenheit zu zwingen.

Versuchen Sie dem Deutschen also stets ein gutes Gefühl zu geben, indem Sie nicht zu viele Fragen und schon gar nicht überzogene Ansprüche stellen. Vermeiden Sie Debatten über seine Vergangenheit und gestatten Sie ihm eine unbefleckte Gegenwart. Sprechen Sie nicht zu viel und schweigen Sie, ohne zu denken. Miteinander zu schweigen hat in Deutschland sogar einen positiven Beiklang. Abgesehen davon lenkt die ganze Rederei ohnehin nur von den wesentlichen Dingen ab. Das Wesentliche ist also für den Deutschen auch eine Frage der Transzendenz, während der Türke ständig nach Transparenz seines Gegenübers sucht. Für Deutsche ist es ein Ausdruck von Qualität, wenn man zusammen schweigen kann. Für Türken wäre es ein Zeichen von Gekränktheit oder Wut, wenn man sich nichts zu sagen hat. Man spricht in Deutschland nicht beim Essen, man spricht nicht in der Kirche, man spricht nicht bei der Beerdigung, man spricht nicht mit vollem Mund, man spricht nicht, wenn man nicht gefragt wird.

Seine Gefühle im Zaum halten zu können scheint ein Beweis für die besondere Leidens- und Konzentrationsfähigkeit des Deutschen zu sein. Während der Türke seine Zipperlein und Problemchen jedem mitteilt, der sie nicht hören will, und am liebsten öffentlich seine Geheimnisse bespricht, leidet der Deutsche im Stillen und macht die Dinge mit sich selbst aus, statt sein Gegenüber mit einzubeziehen und dadurch vielleicht zutraulich zu wirken.

Für Türken ist das kaum vorstellbar. Während man sich von Ankara bis Zonguldak leidenschaftlich streitet und sich auf das Vertragen freut, während man sich über Kleinigkeiten ereifert, vielleicht um so das Wesentliche besser zu verstehen, schweigt man in Deutschland.

Während man in der Türkei den Streit als Teil der alltäglichen Kommunikation spielerisch in seine zwischenmenschlichen Beziehungen einfügt und das Spiel mit den Aggressionen nahezu perfekt beherrscht, betrachtet man das Streiten in Deutschland in der Regel als Eskalation nach gescheiterter Diplomatie, versteht sich auf die Untertöne und hüllt sich lieber in vornehmes Schweigen. Vielleicht, weil es sich so besser vergessen lässt? Wenn Deutsche Türken miteinander sprechen hören, denken sie meistens, die Türken würden streiten, dabei führen sie nur ein angeregtes Gespräch. Wenn Türken Deutsche miteinander schweigen sehen, denken sie meistens, es wäre jemand gestorben – dabei genießen sie nur das Beisammensein. Und so verwundert es nicht, dass es allein für das Wort *Gespräch* im Türkischen zahlreiche Begriffe gibt, welche die unterschiedlichen Nuancen eines Gesprächs bezeichnen. *Sohbet* nennt man ein unverbindliches Geplänkel, *muhabbe* eine angeregte Diskussion, *münakaşa* einen Disput, *kavga* einen Streit und *tartışma* eine ernsthafte Auseinandersetzung. Im Deutschen gibt es dagegen nur die Bezeichnungen Unterhaltung, Diskussion und Streit.

Man spricht in Deutschland eben nicht besonders viel miteinander und nur wenn es sein muss. Deshalb mäßigen Sie Ihren Sprachfluss und warten Sie darauf, dass der Deutsche den ersten Schritt auf Sie zumacht. Meistens sagt er dann solche Dinge wie: «Schönes Wetter heute», oder «Wissen Sie, wie spät es ist?».

Gedulden Sie sich. Bevor es zu einem ernsthaften Gespräch kommt, wird noch eine lange Zeit vergehen. Bevor Sie sogar einmal eingeladen werden, vielleicht noch eine viel längere. Selbst wenn der Deutsche Sie dann doch einmal zu sich einlädt, wird er nicht gleich alles erzählen und schon gar nicht sein ganzes Hab und Gut auf den Tisch stellen, um es mit Ihnen zu teilen; er wird Sie noch nicht einmal danach fragen, ob Sie Durst oder Hunger haben. Das hat nichts mit Geiz oder mangelnder Gastfreundschaft zu tun. Es ist eher eine Grundsatzfrage. Schließlich könnte da jeder kommen, und außerdem geht es ihm ums Prinzip, was nur manchmal den Eindruck erweckt, der Deutsche sei ein ausländerfeindlicher Griesgram, der sich am liebsten in seiner Höhle oder Kneipe versteckt und nur unter seinesgleichen verkehrt. Schnell hört man dann, der Deutsche habe ja eigentlich auch nichts gegen Ausländer und Fremde, aber manche von denen benähmen sich so, als wären hier sie zu Hause.

Nichts für ungut. Schon nach einer gewissen Zeit der skeptischen Betrachtung wird er anfangen, sich an Sie zu gewöhnen und schließlich bei seinen Mahlzeiten immer auch eine Ration für Sie einplanen. Enttäuschen Sie ihn deshalb nicht, indem Sie etwa seine Offerten ablehnen, sondern nehmen Sie dankend an, wenn er Ihnen einmal die Hand reicht und damit den Weg zu einer dauerhaften Freundschaft bereitet.

Wenn er Sie dann in seine Rituale einweiht, seien Sie nicht erstaunt. Im Gegensatz zu seiner introvertierten Außenwirkung auf Fremde ist sein Rudelverhalten eher extrovertiert. Sobald man in Deutschland in Gruppen zusammenkommt, um zu feiern, wird gegrölt, geschunkelt, gebützt oder geschossen. Im Kölner Straßenkarneval könnte man sich dabei als Türke sogar fast heimisch fühlen. Auf dem Oktoberfest in München wird man dagegen eher seine Schwierigkeiten haben, die seltsamen Grunzlaute und Freudenrufe zu verstehen, so wie man als Außenstehender nicht nachvollziehen kann, weshalb erwachsene Menschen mit Holzgewehren durch deutsche Innenstädte laufen und sich grüne Schützenuniformen anziehen, ohne dass es einen Krieg gibt, den es zu gewinnen gälte. Und selbst das Schunkeln, für Außenstehende eher ein Ausgleich mangelnden Gleichgewichtssinns durch übermäßigen Alkoholkonsum, ist nicht als primitiver Ausdruck besonderer Anlehnungsbedürftigkeit zu verstehen, sondern die höchste Stufe der kollektivdeutschen Erregbarkeit, die im Ausdruck «Gemütlichkeit» ihren unnachahmlichen Höhepunkt findet.

Wenn der Deutsche dann einmal spricht, seien Sie nicht überrascht. Seine Themen sind begrenzt und anders, als man es kennt. Südländer können sich das kaum vorstellen. Italiener und Griechen, Spanier und Portugiesen sprechen schon frühmorgens über Gott und die Welt, dann verschwinden sie zum Mittagsschlaf in ihre Häuser und kehren abends schick angezogen wieder. Sie stehen auf der Straße und reden so viel, dass man sich fragt, woher sie in der kurzen Zeit, in der sie sich nicht gesehen haben, all die Neuigkeiten herhaben mögen. Türken sitzen am Straßenrand, schneiden eine Melone auf und singen, plappern und tanzen so, als wären Weihnachten und Ramadan an einem Tag. Selbst Franzosen stehen auf sandigen Aschenplätzen und werfen kleine Stahlkugeln, nur um einen Vorwand zu haben, um sich zu treffen und zwischen den Gesprächen eine Ablenkung zu haben. Und sogar der Engländer ist nicht nur höflich; bei ihm ist das Smalltalk genannte Sprechen über Sinnloses sogar Teil einer Hochkultur. Man wird etwas gefragt, aber die Antwort ist unwichtig.

Die wichtigste und erste Frage, die der Deutsche seinen Mitmenschen stellt, ist: «Was sind Sie von Beruf?» Und diese Frage meint er ernst – während der Türke immer als Erstes wissen will, woher man kommt (vielleicht, weil die meisten Türken keinen Beruf haben). «Nerelisin?» Woher kommst du? Denn kommt man aus der gleichen Gegend, so ist man *emşeri,* also Landsmann, und das bedeutet mindestens so viel, wie miteinander verwandt zu sein.

Dem Deutschen ist es offensichtlich wichtiger zu wissen, dass sein Gegenüber materiell abgesichert ist, schließlich «hört bei Geld die Freundschaft auf», als zu erfahren, woher der andere kommt und wohin er notfalls wieder geht. Deshalb antworten Sie auf diese Frage nicht mit zweideutigen Formulierungen wie «Ich bin als Logistikmanager im Außenhandel tätig» (er wird Sie sofort als Schleuser entlarven) oder «Ich bin gerade dabei, einen Gemischtwarenladen für stimmungsaufhellende Substanzen zu eröffnen» (er wird Sie sofort für ein Mitglied des internationalen Drogenkartells halten), sondern geben Sie ihm klar und deutlich Auskunft über die redliche Art und Weise, mit der Sie Ihren Lebensunterhalt bestreiten. «Ich bin Händler für kleinkalibrige Gewehre, mit denen man auf fliehende Gazellen und Zulus schießen kann!», oder sagen Sie doch gleich: «Ich betreibe einen Schießstand für Arbeitslose», denn diese Berufe sind ihm vertraut, und er kann Sie besser einordnen. Der Deutsche wird es Ihnen danken, indem er Sie seinen Bekannten empfiehlt und Ihnen eines Tages sogar seine glatzköpfigen Freunde als Kunden vermittelt.

Nächste Regel: Kommen Sie dem Deutschen ja nicht mit der Moralkeule. Er wird empfindlich auf die ewig wiederkehrenden Schuldanerkenntnisdebatten reagieren und im Zweifelsfall sogar aus seiner Täterrolle eine Opferrolle machen, indem er sich als Zielscheibe einer internationalen Verschwörung von Finanzjuden und Marxisten darstellt und damit seine historische Verantwortung zu einer nicht enden wollenden Strafmaßnahme umdeutet. Grundsätzlich möchte der Deutsche keine kollektive Verantwortung für Dinge übernehmen, die er nicht kennt oder aus seinem Bewusstsein verdrängt hat. «Was können wir für die Dinge, die unsere Großväter getan haben? Das alles ist doch schon so lange her. Irgendwann muss auch mal Schluss damit sein.» Sätze, die ihm dabei leichter über die Lippen kommen als die Frage danach, womit den Schluss sein soll und wer einen angeblich dazu zwingt, weiterzumachen. Selbst renommierte deutsche Literaten bemängeln neuerdings an der kritischen Rezeption ihrer deutschtümelnden Werke lieber das ewige Schwingen unsichtbarer Moralkeulen, als zu erkennen, dass die cholerisch-chauvinistischen Untertöne ihrer Aussagen missverständlich auf empfindliche Naturen wirken könnten.

Besprechen Sie deshalb Ihre deutschfeindlichen Themen – wenn überhaupt – tunlichst mit Amerikanern, Holländern, Juden und Sinti oder Roma oder sonstigen Zentralräten und Opferverbänden, denn die sind solchen Themen gegenüber aufgeschlossener und geübter im Formulieren ihrer Vorwürfe. Der Deutsche hingegen, so scheint es, hat ein für alle Mal die Schnauze voll von diesen ewigen Anschuldigungen, hinter denen aus seiner Sicht nichts anderes lauert als die perfide Absicht, in die deutsche Wiedergutmachungskasse zu greifen und den Deutschen einen historischen Strick um den Hals zu legen.

Und das ist für ihn mehr als ungerecht. Andere haben schließlich auch Schuld begangen; deshalb erwähnen Sie, wenn Sie schon Profit aus der deutschen Larmoyanz schlagen wollen, ruhig auch mal den Genozid der Türken an den Armeniern, den Massenmord der Amerikaner an den Indianern oder die Invasions- und Missionierungspolitik der spanischen Eroberer.

Das entspannt die Situation und ist zugleich ein Beweis dafür, dass Sie es gut mit ihm meinen. Gehen Sie sogar noch einen Schritt weiter und loben Sie ruhig auch einmal die Errungenschaften der nationalsozialistischen Diktatur, ohne dabei allerdings Ihre Betroffenheit zu sehr zu vernachlässigen. Seien Sie ganz sicher, es gibt vieles, was man lobend erwähnen kann. Autobahnen, Arbeitsplätze, Architektur.

Man darf dem Deutschen nicht das Gefühl geben, dass alles, was er denkt, falsch sei, und alles, was seine Vorfahren getan haben, schlecht war. Man muss ihm auch zugestehen, dass es überall in der Welt Ungerechtigkeit gibt und er nicht der Einzige ist, der anderen Leid zugefügt hat. Überhaupt gilt es auch, den unbequemen Themen der Gegenwart nicht aus dem Weg zu gehen. Immer wieder wird den Deutschen verwehrt, sich für die Minderheiten dieser Welt zu engagieren. Wenn es beispielsweise aber um den «Völkermord der Israelis an den Palästinensern» (benutzen Sie exakt diese Formulierung) geht, wird dem Deutschen schnell vorgehalten, er habe dazu nichts zu sagen, schließlich sei er dem Juden ewige Ergebenheit schuldig. Dann stehen sie wieder auf der Matte, die Zentralräte und Opferverbände, jammern ihr ewiges Leid vom bösen Deutschen und setzen sein mühsam erzwungenes Schuldanerkenntnis in bare Münze um. Kein Wunder, dass man als Deutscher unter Verfolgungswahn leidet.

Dabei sind die Forderungen dieser Zwecklobbyisten schnell zu durchschauen, denn selten geht es diesen Leuten um die Sühne von Ungerechtigkeit und Gewalt gegen Minderheiten. Hat der Deutsche vielleicht am Ende sogar recht mit dem, was er denkt, aber sich selten zu sagen traut? Haben sich die anderen vielleicht sogar wirklich gegen ihn verschworen, während ihr eigenes Handeln nicht einen Deut besser ist? Der Zentralverband der Juden beschwert sich doch genauso wenig, wenn ein Roma verprügelt wird, wie der Zentralverband der Roma sich aufregt, wenn Juden angepöbelt werden. Zwecklobbyismus bedeutet eben immer nur, seine eigenen Interessen zu vertreten. Schließlich leben die Friedmans, Broders und Knoblochs dieser Republik auch sehr gut davon, dass sie dem Deutschen dann, wenn es ihnen passt, das Antlitz des Bösen verpassen, um sich aber, wenn es ihnen nützlicher vorkommt, selbst zu Deutschen zu erklären.

Geben Sie es also auf, den Deutschen zu verstehen oder ihm vorschreiben zu wollen, wie er zu sein hat, was er sagen darf und was nicht. Es wird schon seine Gründe haben, weshalb der Hund des Deutschen treuster Freund ist. Er liebt sein Herrchen bedingungslos und kann nicht sprechen. Er beißt, wenn man es ihm befiehlt, und er wacht, wenn man ihn braucht. Das sind die idealen Eigenschaften, die auch Sie haben sollten, wenn Sie in Deutschland unter Deutschen leben wollen. Wenn man hingegen versucht, den Deutschen zu verstehen, wird man fast so paranoid wie er selbst. Schlimmer noch: Man verstrickt sich in Formulierungen seiner extremsten politischen Gegner und weiß am Ende nicht mehr, wo vorne und hinten ist. Man verwechselt Geschichte mit Gegenwart und Argumentationen mit Anklagen. Man vermutet Verschwörungen und Verwicklungen und bleibt doch außen vor. Denn das Zepter des Handelns und das Monopol des Denkens haben in Deutschland nicht mehr nur die Deutschen in der Hand. Eine ganze Kaste von Deutschlandbashern lebt mittlerweile davon – wenn man den Reden der verkappten Anwälte eines nie da gewesenen Nationalstolzes glaubt –, das Ansehen dieses wunderschönen Landes zu diskreditieren, indem sie der Unberechenbarkeit der wüsten deutschen Seele eine angeborene und grundsätzliche Bösartigkeit unterstellen und ihr damit intoleranter begegnen als der Intolerante selbst, obwohl sie von seiner Toleranz profitieren. Dabei sieht es anderswo nicht besser aus.

FAZIT

Deutsche und Türken werden sich weiter annähern müssen, auch wenn es für manche schwer sein wird, sich von ihren bisherigen Denkmustern zu lösen. Denn die Chancen, von den Vorteilen dieser Annäherung zu profitieren, sind immer noch größer als das Risiko, an ihren Nachteilen zu scheitern. Eine für beide Seiten vertretbare Integrationsanstrengung und gerecht verteilte Anteile eigener Ansprüche und Zugeständnisse an die kulturellen Werte würden schon einen gewaltigen Schritt zur Verständigung zwischen beiden Völkern beitragen und dabei helfen, Vorurteile abzubauen. Die entscheidende Frage ist: Wird es den Deutschen gelingen, die hier lebenden Türken als einen gleichwertigen Teil der Gesellschaft zu akzeptieren? Eine ebenso wichtige Frage aber ist auch, ob es die in Deutschland lebenden Türken schaffen, sich in die deutsche Gesellschaft einzufügen und selbstbewusst um ihr Recht als gleichwertiges Mitglied zu streiten.

Dafür wird es für beide Seiten von entscheidender Bedeutung sein, ob und wie sie es schaffen, sich in ihrer neuen gemeinsamen Heimat einzurichten, oder ob sich die Türken weiter fremd fühlen, um ungestört von ihrer alten Heimat träumen zu können. Wo aber liegt nach all diesen Betrachtungen zur Herkunft und den Vorschlägen zum Umgang mit den Türken ihre Heimat? Sind die Türken wirklich angekommen in Europa, oder sind sie weiterhin ein Appendix, den man am liebsten so schnell wie möglich wieder los wäre, weil er mehr Schmerzen verursacht als Nutzen bringt? Ein ungebetener Gast, der seinen Heimweg nicht mehr findet, weil er orientierungslos geworden ist? Eine stürmische Braut, der man auf dem Altar nicht mehr anbieten kann als eine privilegierte Partnerschaft?

Die Antwort auf diese Frage ist und bleibt schwer, und sie fällt unterschiedlich aus, je nachdem, aus welchem Blickwinkel man sie betrachtet.

Für die in Deutschland lebenden Türken hat sich schon längst eine europäische Realität ergeben, der sie sich auch mit noch so viel Widerstand auf Dauer nicht widersetzen können.

Auch wenn es heute so wirkt, als hätte der Boom des deutschtürkisch-islamischen Fundamentalismus noch nicht seinen Zenit erreicht, wird dieser Fetisch seinen Reiz hoffentlich bald verlieren, je vertrauter die Deutschen mit den Inhalten und Motiven dieser Bewegung sein werden. Es wird in zehn Jahren bei weitem weniger fundamentalistische Türken in Deutschland geben als heute. Die Deutschen werden lernen, die türkischen Eigenarten zu verstehen, sie werden den Türken immer näher kommen und vielleicht eines Tages wirklich übersetzen können, wovon die Türken in ihrer eigenen Sprache sprechen.

Die jungen Mädchen, die heute noch selbstbewusst das Kopftuch tragen, werden hoffentlich irgendwann erkennen, dass sie nur sich selbst damit schaden, wenn sie die Errungenschaften ihrer Eltern verraten, und es wird ihnen vorkommen wie eine Befreiung, wenn sie wieder ihre Kopftücher ablegen und zurückkehren in die Mitte einer aufgeschlossenen Gesellschaft, die es nicht hinnimmt, dass man Frauen diskriminiert und Kleiderregeln nach Geschlechtern aufstellt – und schon gar nicht, dass Frauen sich eigenständig unterordnen und ihre Unterdrückung zum selbstgewählten Schicksal im Dienste ihres Glaubens stilisieren.

In den nächsten Jahren wird auch entschieden, ob die derzeitige türkische Regierung ihre Kraft verliert, weil die Menschen ihr nicht folgen, oder ob sie weiterhin gestärkt und gefördert wird, weil gerade die europäischen Regierungen im Glauben, die Türkei über die AKP besser in Zaum zu halten, sie unterstützen, indem sie sie als ernstzunehmende Gesprächspartner betrachten und sich mit ihnen an einen Tisch setzen.

Eine Regierung aber, die für die Wiedereinführung mittelalterlicher Strukturen steht, eine Regierung, deren höchste Repräsentanten die Errungenschaften ihrer Geschichte wie die Gleichberechtigung zwischen Frau und Mann mit den Füßen tritt, eine Regierung, die mit Traditionen kokettiert und mit der Moderne konkurriert, ist unglaubwürdig und deshalb auch als Vertreter einer modernen Türkei nicht ernst zu nehmen.

Gleichzeitig wird die Türkei früher oder später erkennen müssen, dass der Beitritt in die Europäische Union für sie nicht der einzige Königsweg sein darf und ihr Besitzanspruch an ihre in Deutschland lebenden Menschen zwangsläufig schwinden wird, je mehr sich die deutsche und türkische Kultur aneinander nähern. Und sie wird durch diese Erkenntnis an Attraktivität gewinnen. Öffnen sich die Märkte im Osten weiterhin in der Geschwindigkeit, in der sie es bisher tun, so wird es für türkische Unternehmen bald schon wichtiger sein, eine Filiale ihres Unternehmens in Baku oder Duschanbe zu eröffnen als in Amsterdam oder Paris. Gleichzeitig würde sich damit auch ein großer kultureller Bogen schließen, denn die Türkei würde damit endlich zu ihren Ursprüngen zurückkehren, nämlich ins Zentrum Asiens und damit wieder in die Nähe der derzeit boomenden Wirtschaft in China, Korea und Japan.

Somit wäre den Türken nach Jahrhunderten doch etwas gelungen, was sie mit ihren ersten Anstürmen auf Europa nur halbwegs erreicht haben und erst heute vollenden: die stille Unterwanderung Europas, eine gewachsene Existenzberechtigung im Herzen der westlichen Welt durch die Ansiedlung ihres eigenen Gastarbeitervolkes und gleichzeitig die Rückkehr der Wirtschaftsnation in den eigenen Kulturkreis.

Was bedeutet das für Deutschland?

Würden es die Menschen in Deutschland schaffen, weniger über ihre verlorene Identität als über ein neues deutsches Selbstbewusstsein nachzudenken, würde der Deutsche endlich akzeptieren, dass es keinen Weg zurück zu einer rein deutschen Gesellschaft gibt, wäre schon ein wichtiger Schritt getan, um von dieser Entwicklung profitieren zu können. Im Gegensatz zu anderen Nationen könnten die Deutschen ihre historische Verantwortung zur Toleranz nicht als Belastung, sondern als Herausforderung betrachten, die sie gleichzeitig davor bewahrt, in die rassistischen

Denkmuster des letzten Jahrhunderts zurückzufallen, wie es zurzeit in der Schweiz, Österreich, in Dänemark, in den Niederlanden oder sonst wo in Europa geschieht.

Während in vielen Ländern Europas zunehmend eine rückwärtsgewandte und angstbestimmte Ausländerpolitik unterstützt wird und die meisten Menschen dort Einwanderung mit einer Bedrohung für den inneren Frieden und ihren Wohlstand gleichsetzen, könnte man in Deutschland dieses Ressentiment getrost für eine multikulturelle Perspektive aufgeben, die mehr ist als ein notdürftiges Abkommen zwischen zwei Parteien, die sich nicht einigen wollen. Indem man den anderen nur duldet, wenn er einem Nutzen bringt, und ihn loswerden will, wenn er unbequem werden könnte, wird die Frage der Integration zum Faustpfand gegen die Ansprüche der nach Deutschland eingewanderten Menschen.

Doch diese Ansprüche müssen weiter gestellt werden. Erst recht nicht dürfen sie polemischen Debatten um Anpassung und Assimilation zum Opfer fallen, denn sie sind der erste Schritt zu einer wirklichen herkunftsunabhängigen und nationalstaatlichen Identifikation und glaubhaften Integration. Der in Deutschland lebende Türke muss aufhören, sich als Deutscher zweiter Klasse zu sehen. Dieses Deutschland gehört zu einem nicht geringen Teil auch den Türken. Es ist deshalb ein Fehler, die Fragen und Problemstellungen, die Deutschland betreffen, nur den Deutschen zu überlassen. Die Türken müssen lernen, ihre Ansprüche an Deutschland selbstbewusster zu stellen und dabei ihr eigener Anwalt zu sein.

Lösungen

Mittlerweile sind mehr als vierzig Jahre vergangen, seitdem der erste türkische Gastarbeiter seinen Fuß auf deutschen Boden gesetzt hat. Deutschland und seine Menschen haben sich seitdem sehr verändert.

Vor vierzig Jahren sah es in Deutschland anders aus. Es gab weder die kulinarische Vielfalt, die es heute gibt, noch gab es so viele unterschiedliche Kulturen, die miteinander auskommen mussten. Es hat Deutschland sehr viel Gutes gebracht, mit fremden Menschen zusammenzukommen, und die Deutschen sind sich so sehr wie kein anderes Volk Europas der Vorteile und Chancen dieser Entwicklungen bewusst.

In gewisser Weise ist die Geschichte der Einwanderung auch ein Beweis für die Anpassungsfähigkeit dieser Nation. Dass sie sich aus dem Trauma der nationalsozialistischen Schreckensherrschaft befreien konnte, dass nach vierzig Jahren zwei ideologisch unterschiedlich geprägte Teile zu einem zusammenwachsen konnten, ist wahrlich nicht selbstverständlich und schon gar nicht ohne Komplikationen und Konflikte abgelaufen.

Nach der Wiedervereinigung im Jahre 1990 keimte für einen kurzen Zeitraum die wütende deutsche Seele auf, und die wiederkehrende rechte Gewalt erschreckte all diejenigen, die immer an der Redlichkeit Deutschlands gezweifelt haben. Aber selbst diese Angst ist mittlerweile verklungen, und die Richtung, die wir hin zu einer multikulturellen Realität eingeschlagen haben, ist unumkehrbar geworden.

Die Kochs und Stoibers dieser Republik schaffen es nicht mehr, mit plumpen Ressentiments auf Stimmenfang zu gehen, weil zu viele Menschen in Deutschland die Vorteile dieser vielfältigen Gesellschaft erkannt und zu schätzen gelernt haben und sie um keinen Preis mehr hergeben würden.

Seit der Ankunft der ersten türkischen Gastarbeiter ist nun wahrlich viel Zeit vergangen, und vieles hat sich verändert. Wir leben heute in Deutschland mit der vierten Einwanderergeneration, die ersten türkischen Gastarbeiter sind mittlerweile im Rentenalter, und schon längst haben sie ihre Träume von einem kurzfristigen Aufenthalt und einer baldigen Rückkehr ins gelobte Land aufgeben müssen für eine neue Realität, nämlich dem Altwerden und Sterben in der Fremde.

So, wie die meisten Deutschen mittlerweile mindestens einmal ihren Urlaub in der Türkei verbracht haben, so ist in jede türkische Familie schon mehr als ein deutscher Einfluss gelangt, sei es in Form eines guten Freundes oder aber auch als Gewürz im türkischen Kochtopf.

Auf Dauer, das haben beide Seiten feststellen müssen, kann man sich dem anderen nicht verweigern, und in vielerlei Hinsicht hat man dabei die Vorteile übersehen und die Nachteile zu Problemen aufgebauscht.

Der Deutsche, der die Integration von Ausländern fordert und moniert, dass viele der hier lebenden Türken besser Deutsch sprechen sollen, hätte selbst Türkisch lernen können, um die Vorurteile, die er hat, in der Sprache seines Gegenübers zu formulieren.

Der Türke, der sich in der Fremde überfremdet fühlt und seiner Tochter den Umgang mit Deutschen verbietet, hat in Deutschland nichts verloren, denn er wird weder verhindern können, dass sich seine Tochter verliebt, noch wird er aus Deutschland einen islamischen Gottesstaat machen.

Warum also haben wir uns in den letzten vierzig Jahren dieser Einwanderungsgeschichte mehr voneinander entfernt, als uns anzunähern, warum haben wir Schritte zurück gemacht, statt die Vorteile und Möglichkeiten zu nutzen, die uns dieses wunderbare Aufeinandertreffen der Kulturen geboten hat?

Die Antwort klingt profan. Türken und Deutsche haben viel zu lange nebeneinander gelebt, statt miteinander zu sprechen. Weder die Ausländer- und Integrationspolitik haben ihre Ziele erreicht, noch haben es die Türken selbst zustande gebracht, diese Sprachlosigkeit zu überwinden.

Statt die in Deutschland lebenden Ausländer zu einer Mitwirkung an der gesellschaftlichen Existenz einzuladen und eine stärkere Identifikation mit ihrer neuen Heimat zu fordern, hat man sie abgewiesen und abgefertigt, in Ausländerbeiräte verfrachtet und nicht wirklich als Teil eines neuen Deutschland ernst genommen, sondern nur geduldet. Statt sich innerhalb der türkischen Gemeinschaft zusammenzuschließen und seinen Forderungen nach Gleichberechtigung Kraft zu geben, hat man sich nur allzu lange als Ausländer dritter Klasse abstempeln lassen und viel zu oft hingenommen, dass man in Türkenghettos und Sonderklassen abgeschoben wurde.

Statt endlich die Versprechungen einzulösen, die man den Türken gemacht hat, vertröstete man sie immer wieder auf den Sankt-Nimmerleins-Tag, forderte ständig neue Eingeständnisse und baute unüberwindbare Hürden auf.

Statt seinen Kindern zu vermitteln, wie wichtig es ist, auch die türkische Sprache und Kultur zu bewahren, hat man sie zunächst ihrem deutschen Schicksal überlassen und erst spät und dann beinah schon panisch durch Verbote und Drangsalierung auf die Veränderung der familiären Struktur reagiert.

Die daraus entstandene Trotzreaktion der Türken hatte vor allem eine Rückkehr zur Tradition zur Folge. Die Familie als Rettungsinsel vor den Restriktionen und vermeintlich schädlichen Einflüssen der deutschen Außenwelt und schließlich der Zusammenschluss in rein türkischen Sport- und Kulturvereinen waren der Beginn einer separatistischen Rückentwicklung, die heute darin gipfelt, dass wieder viele der in Deutschland lebenden Türken ihren Aufenthalt als Übergangsstation betrachten und von einer baldigen Rückkehr in die Heimat träumen, statt endlich die deutsch-türkische Realität zu akzeptieren und ihren Platz in der Mitte der deutschen Gesellschaft zu finden.

So wie die Deutschen viel zu spät erkannt haben, dass das Problem der Integration nicht auf die Türken allein abzuwälzen sein wird und auch sie einen großen Anteil dazu zu leisten haben, dass ein Miteinander entstehen kann, so haben die Türken nicht wirklich in Kauf genommen, dass es für sie keinen anderen Weg gibt, als ihr Leben an die neue Umgebung anzupassen und sich endlich mit Deutschland als ihrer neuen Heimat zu identifizieren.

AUF DER KIPPE ZWISCHEN DEUTSCH UND TÜRKISCH

Immer wieder wird mir vorgeworfen, dass ich mit meiner Deutschlandkritik übertreiben würde, schließlich habe die Türkei auch einiges auf dem Kerbholz. Dabei bin ich weder Stellvertreter der türkischen Regierung, noch fühle ich mich durch meine Nationalitätsumwandlung verantwortlich für die Vorgänge in Deutschland. Vielmehr versuche ich, unabhängig von meiner Herkunft einen kritischen Blick auf beide Länder zu bewahren.

Mich ärgert es genauso wie Deutsche, dass Türken hier ein Theaterstück um Anerkennung und Gleichberechtigung aufführen, statt selbstbewusst für ihre Rechte einzutreten und so gleichzeitig ihren Anteil zur Integration durch Partizipation an politischen Vorgängen und Debatten zu leisten. Mich ärgert es aber auch genauso wie Türken, wenn Deutsche ein Deutschland in Schutz nehmen, das es nicht mehr gibt.

Es ist mehr als lästig, wenn Türken sich in Deutschland benehmen wie unberechenbare Psychopathen. Ob es sich dabei um kriminelle Jugendliche oder ihre fundamentalisierten Eltern handelt, ist unerheblich. Ganz abgesehen davon, dass die meisten in Deutschland lebenden Türken in ihrem religiösen Selbstfindungswahn mittlerweile dermaßen eingebildet zu sein scheinen, dass sie sich für die wahren Repräsentanten der türkischen Nation halten. Mich macht es aber auch wütend, wenn so getan wird, als wären alle in Deutschland lebenden Ausländer integrationsunwillig, und man deshalb Gesinnungstests von ihnen fordern müsse, obwohl die meisten der in Deutschland lebenden Ausländer überhaupt nicht auffallen, eben weil sie sich so gut integriert haben.

Das alles ist haarsträubend und aus beiden Perspektiven widersprüchlich und unsinnig. Vor allem lässt es sich nicht verallgemeinern.

Genauso wenig wie die türkische Regierung die Türkei repräsentiert, stehen diese in Deutschland lebenden Abweichler für das, was ich Türkei nenne. Genauso wenig wie Politiker immer die Meinung des Volkes repräsentieren, stehen die weinerlichen Deutschnationalisten und falschen Vaterlandsgesellen für das, was ich Deutschland nenne.

Viel mehr noch: Diese Leute verraten mein Ideal von einer Türkei, die aufgeschlossen und europäisch, aufgeklärt und fortschrittlich ist, für die Kompensation eines Minderwertigkeitsgefühls, welches sie sich vor allem selbst zuzuschreiben haben.

Diese Leute verraten mein Ideal von einem Deutschland, das weltoffen, tolerant und selbstbewusst im Umgang mit seinen Mitmenschen ist, für die Überwindung eines Traumas, das es sich selbst zugefügt hat.

NACHWORT

Jetzt habe ich doch mehr geschrieben, als ich zuerst dachte. Schließlich gab es einiges zu klären. Und dass nicht immer alles in wenigen Sätzen auf den Punkt zu bringen ist und schon gar nicht das Zusammenleben zwischen Deutschen und Türken leicht zu erklären ist, haben wahrscheinlich weder Sie noch ich vorher gedacht. Sicher habe ich dabei einiges vergessen oder außer Acht gelassen. Manches mag ich auch anders, ungerecht oder verklärt dargestellt haben. Das Schöne daran ist, dass Sie es jederzeit weiter treiben und vor allem auch besser machen können als ich. Ohnehin ist es nicht mein Anliegen, Sie zu belehren. Ich bin, wie schon erwähnt, weder Wissenschaftler noch Historiker oder Psychologe. Ich beherrsche nicht den Tonfall des politisch Korrekten. Vielleicht klingt das zuweilen auch ein wenig besserwisserisch. Dabei ist es mir egal, woher ich komme und ob es eine Rolle spielt, wenn ich etwas gegen meine eigenen Leute sage, wer immer auch diese eigenen Leute sein mögen. Denn mittlerweile weiß auch ich nicht mehr, wohin ich gehöre. Ich fühle mich zwar immer noch türkisch, aber ich denke oft deutsch. Ich sehe zwar immer noch türkisch aus, aber wenn ich in die Türkei fahre, sehen alle sofort, dass ich aus Deutschland komme. Ich bin sozusagen kurz davor, meine alte Haut abzustreifen, und das ist gut so.

Viel zu lange habe ich gedacht, es wäre wichtig, sich für die eine oder andere Seite zu entscheiden. Schon als Kinder wurden wir immer gefragt, ob wir uns mehr wie Deutsche fühlen oder wie Türken. Erst später habe ich erkannt, dass es auch möglich sein kann, sich deutsch und türkisch zu fühlen und weder die eine noch die andere Seite als Behinderung zu empfinden, sondern beides als Bereicherung.

Als in Deutschland lebender Türke kann man anders auf die Türkei blicken, weil man ihre Sprache versteht und ihre Sitten kennt. Als türkischer Mensch in Deutschland kann man unbefangener und hemmungsloser mit Deutschland umgehen, weil es eine junge, frische und unbefleckte Beziehung ohne Erinnerung ist, die man zu diesem Land eingegangen ist – ob bewusst oder unbewusst, spielt dabei keine Rolle. Überlassen Sie es also den Türken, stolz auf Deutschland zu sein, und seien Sie stattdessen etwas bemühter, sich in Ihre eigene Gesellschaft zu integrieren, während die Türken Ihnen sicher überlassen werden, Ihre Angst vor einer neuerlichen Invasion der Osmanen abzuwerfen und sich dem Fremden durch fundierte Kenntnis anzunähern. Und während beide Seiten sich mehr und mehr annähern, ist das Band, das uns verbindet, schon längst gebunden. Es ist eine Verbindung, die so schnell nicht aufzulösen sein wird, denn dafür ist sie schon zu fest zusammengewachsen. Jeder, der versucht, sie zu trennen, wird merken, wie weh es tut, diesem zarten Pflänzchen Gewalt anzutun. Ich glaube, es lohnt sich, an die Idee einer neuen deutsch-türkischen Existenz zu glauben. Ich glaube, dass wir noch vieles vor uns haben, wenn es uns gelingt, endlich die Barrieren zu überwinden und uns wirklich für den anderen mitverantwortlich zu fühlen. Aber dafür braucht es nicht nur eine grundlegende

Kenntnis der Kultur des anderen – vor allem Interesse und Aufrichtigkeit im Umgang sind auf Dauer unverzichtbar. So unangenehm die Fragen, die man stellt, auch sind und so unbequem die Wahrheiten, die man erfährt, auch sein mögen: Es lohnt sich, sie zu stellen, auch wenn man oft die Antwort erst einmal verstehen muss. Und wer weiß, vielleicht muss ich dann auch eines Tages meinen Namen nicht mehr buchstabieren.

Gibt es intelligentes Leben?

Fassungslos steht Dieter Nuhr vor dem großen kosmischen Durcheinander des menschlichen Daseins und fragt sich: "Gibt es intelligentes Leben?" Er begibt sich auf Weltreise. An 15 abgelegenen Orten versucht er, eine Antwort zu finden - pointiert, bissig, satirisch.
rororo 62076

Dieter Nuhr:
Der Philosoph unter den Comedians

Wer's glaubt, wird selig

Der Glaube versetzt Berge, so sagt man. Dieter Nuhr ist an den Hinterausgang der Welt gereist: immer dem Glauben auf der Spur. Und er ist zu erschütternden Ergebnissen gekommen. Zwerchfellerschütternd!
rororo 62284

Nuhr unterwegs

Dieter Nuhr hat alle Kontinente bereist und unglaubliche Fotos mitgebracht, aus China und Chile, aus Birma und Bayern – nicht ohne ironische Kommentare, aber im Mittelpunkt stehen diesmal seine Bilder.
rororo 62358

Weitere Informationen in der Rowohlt Revue *oder unter* www.rororo.de

Vince Ebert

Denken Sie selbst!
Sonst tun es andere für Sie

Vince Ebert, der lustigste Physiker Deutschlands, klärt schonungslos auf. «Denken Sie selbst!» ist ein humorvolles Plädoyer für den eigenen Kopf. Dieses Buch ersetzt endlich nervige Halbbildung durch sympathisches Dreiviertelwissen.
rororo 62386

Humor von klugen Köpfen: Ansteckend lustig

Dr. med. Eckart von Hirschhausen

Glück kommt selten allein ...

Jeder ist seines Glückes Schmied. Und so sieht es auch aus: reichlich behämmert. Beim Zimmern unseres Glücks hauen wir uns oft genug mit dem Hammer auf den Daumen. Wenn aber Dr. Eckart von Hirschhausen humorvoll über das Glück schreibt, lässt der Schmerz nach.
978-3-498-02997-5

Die Leber wächst mit ihren Aufgaben

Arzt, Kabarettist und Bestsellerautor Dr. Eckart von Hirschhausen kennt sich aus im Leben. Mit diagnostischem Blick entdeckt er das Komische in Medizin und Alltag und kommt zu erstaunlichen Ergebnissen ...
rororo 62355

Weitere Informationen in der Rowohlt Revue *oder unter* www.rororo.de

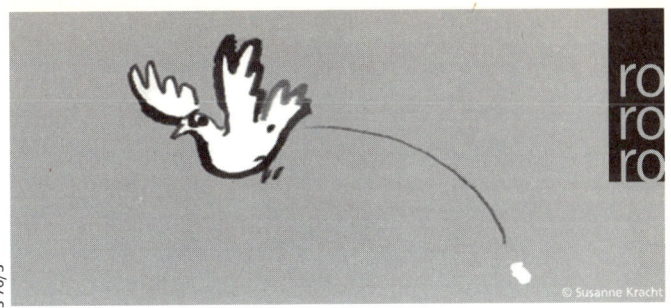

S 76/3

© Susanne Kracht

Achtung: Humor!

Bruno Ziauddin
Grüezi Gummihälse
Warum uns die Deutschen manchmal auf die Nerven gehen
rororo 62403

Sebastian Schnoy
Smørrebrød in Napoli
Ein vergnüglicher Streifzug durch Europa. rororo 62449

Helmut Schümann
Der Pubertist
Überlebenshandbuch für Eltern

«Der Pubertist» ist alles gleichzeitig: Pubertätsratgeber, aber vor allem Unterhaltung und Spaß. Und Balsam auf die gequälte Seele von Eltern Pubertierender. rororo 62011

Hans Scheibner
Bevor ich abkratz,
lach ich mich tot
Abgründe des Alltags. rororo 62474
«Treffsicher wie Uwe Seeler in Bestform!» *Die Welt*

Dietmar Bittrich
Achtung, Gutmenschen!
Warum sie uns nerven. Womit sie uns quälen. Wie wir sie loswerden

Sie leiden persönlich unter globaler Erwärmung. Sie sagen Schokokuss statt Negerkuss. Sie haben Verständnis für Terroristen. Sie glauben, die Welt wäre schlechter dran ohne sie …

rororo 62264

Weitere Informationen in der Rowohlt Revue *oder unter* www.rororo.de